读懂投资　先知未来

大咖智慧
THE GREAT WISDOM IN TRADING

成长陪跑
THE PERMANENT SUPPORTS FROM US

复合增长
COMPOUND GROWTH IN WEALTH

一站式视频学习训练平台

盘口技术分析和操盘策略

(美)尼尔 / 著
刘奥南等 / 译

山西出版传媒集团
山西人民出版社

图书在版编目（CIP）数据

盘口技术分析和操盘策略/（美）尼尔著；刘奥南等译.
—太原：山西人民出版社，2012.7（2023.12重印）
　　ISBN 978-7-203-07644-5

　　Ⅰ.①盘… Ⅱ.①尼… ②刘… Ⅲ.①股票交易—基本知识
Ⅳ.① F830.91

中国版本图书馆 CIP 数据核字（2012）第 066844 号

盘口技术分析和操盘策略

著　　者：	（美）尼尔
译　　者：	刘奥南等
责任编辑：	孙　琳
助理编辑：	任秀芳
装帧设计：	蒋宏工作室

出 版 者：	山西出版传媒集团·山西人民出版社
地　　址：	太原市建设南路 21 号
邮　　编：	030012
发行营销：	0351-4922220　4955996　4956039
	0351-4922127（传真）　4956038（邮购）
E - m a i l：	sxskcb@163.com　发行部
	sxskcb@126.com　总编室
网　　址：	http://www.sxskcb.com

经 销 者：	山西出版传媒集团·山西人民出版社
承 印 厂：	廊坊市祥丰印刷有限公司

开　　本：	710mm×1000mm　1/16
印　　张：	11.75
版　　次：	2013 年 5 月第 1 版
印　　次：	2023 年 12 月第 2 次印刷
书　　号：	ISBN 978-7-203-07644-5
定　　价：	68.00 元

如有印装质量问题请与本社联系调换

目 录

译者的话……………………………………………… 1

第一部分　股票投机
第一章　股票投机……………………………………… 8

第二部分　盘口分析
第二章　股价显示器…………………………………… 24
股价显示器的背后……………………………………… 24
股价显示器……………………………………………… 28
股价显示器说了些什么？……………………………… 32

第三章　盘口分析的原则……………………………… 34
盘口解读………………………………………………… 34
一般原则………………………………………………… 36

第四章　价涨量增……………………………………… 38

第五章　庞大成交量下的拐点………………………… 40
成交量放大但价格未上涨……………………………… 40
成交量预示上涨………………………………………… 41
发现趋势的拐点………………………………………… 45
其他类型的拐点………………………………………… 47

第六章　清淡成交量下的拐点………………………… 49

挣扎的市场……………………………………………49
疲软的顶部……………………………………………52

第七章 其他类型的顶部行为……………………54
顶部比底部更难识别…………………………………54
严格定义的顶点………………………………………56
广义的顶点……………………………………………57
1930年7月，美国制罐公司股票的顶部行为…………60

第八章 洛伊公司的盘口故事……………………64
每日解读………………………………………………64
11月15日星期六，洛伊公司股票走势………………68
11月17日星期一，洛伊公司股票的市场行为………71
11月18日星期二，洛伊公司股票的市场行为………73
洛伊公司突破阻力……………………………………73

第九章 钢铁板块：市场领头羊…………………75
关注钢铁………………………………………………75
当心失足………………………………………………78
1930年8月美国钢铁公司股票走势…………………79
为本书中的例子说两句………………………………83

第十章 不要轻信内幕消息………………………85
审查自己的内幕消息…………………………………85
电能与照明公司股票的市场行为……………………87
我们来进行盘口确认…………………………………91

第十一章 一些对成交量的重要观察……………93
成交量的变化…………………………………………93

重要的，或"好的"买入和卖出……………………95
　　　撤销买入指令……………………………………98
　　　按美元，而不是按点位思考……………………100
第十二章　消息对市场的影响……………………………101
第十三章　阻力………………………………………………104
　　　阻力线与支撑线…………………………………104
　　　过去的高点和低点………………………………112
第十四章　给投机者的建议………………………………114
　　　以批判的眼光去进行盘口技术分析……………114
　　　使用便签纸和笔随时记录………………………116
　　　独立交易…………………………………………117
　　　不要关注过多的股票……………………………119
　　　盘面图表和数据分析……………………………120
　　　与公众背道而驰…………………………………123
　　　趋势交易…………………………………………125
　　　资本化程度和浮动供给量………………………127
　　　耐心是美德………………………………………128
第十五章　在正常牛市中美国钢铁公司股票的涨跌
　　　………………………………………………………129

第三部分　市场哲学

第十六章　市场哲学的基本知识…………………………136
　　　最大的障碍在我们自身…………………………136

市场哲学 ·· 137

第十七章　有关人性和投机的思考 ················· 139

中长期趋势交易 ·· 139
市场平常心 ·· 140
根本就没有"头寸"这回事 ·································· 141
反映到市场中的新闻 ·· 143
市场是自身最好的宣传者 ······································ 146
时间因素 ·· 148
如何思考是一种市场智慧 ······································ 150
基本面分析和技术分析 ·· 152
自负的主观意见 ·· 154

第十八章　关于人性和投机的进一步思考 ······· 157

贪婪 ·· 157
像商人对待自己的货物一样对待股票 ·················· 159
不要一概相信你看到的每句话 ······························ 161
客观分析的价值 ·· 163
公众总是被愚弄 ·· 165
不要用钱保仓 ·· 166
过于胆怯的害处 ·· 167
为了自尊心理的"降低持仓成本" ······················ 169

第十九章　技术图表分析对预测股价走势有用吗？
 ··· 172

第二十章　投资笔记摘录 ················· 175

译者的话

美国东北部的佛蒙特州，在美国各州中毫不起眼。其面积仅24932平方公里，在50个州中排名第45位；人口总数更排在第49位。然而佛蒙特州却在全美以独立和激进著称。在历史上，1777年佛蒙特就宣布脱离英国成为一个独立的共和国，直到1791年才加入美利坚合众国。佛蒙特州还是全美第一个通过立法废除奴隶制的州，也是第一个通过宪法授予男性无产者选举权的州，该州还允许同性恋"民事结合"。

在某种意义上，佛蒙特州的确是美国最"特立独行"的州。这种"特立独行"的精神甚至不断试图要将佛蒙特州从美国独立出去。

佛蒙特州议会附近一家"河中行"唱片店里，一种印着"美国滚出佛蒙特"的黑色T恤衫最为热销。对不少慕名而来的佛蒙特人来说，这款价值20美元的T恤衫并非仅仅是一套时装，而是集中宣泄了佛蒙特人希望能以和平方式脱离美国的强烈心声。在当地不少作家和学者们看来，美国早已帝基衰败江河日下，并因为近年来伊拉克战争、油价上涨和多个支持"独立"的组织成立，使其繁华凋零的迹象正日趋显著。2005年，300人出席了在州议会会场举行的"脱离大会"。全州30多个镇通过决议，建议弹劾布什总统和切尼副总统，因为他们在美国和伊拉克的诸多行动有违宪之嫌。这份决议很快在该州参议院通过，成为美国第一个经州议会通过的弹劾总统的决议。

　　书归正传。在华尔街熠熠生辉的群星瀚海之中，汉弗莱·B·尼尔尤以"特立独行"而著称。尼尔家族祖祖辈辈居住在佛蒙特州撒克斯顿河边的家园，尼尔多年来始终站在华尔街的坐标中心点，冷眼观察、分析经济和市场趋势。漫长的岁月始终没能从他脸上，从他言谈著述中和心灵深处磨掉其"特立独行"的佛蒙特本色。尼尔是现代"逆向思维"理论的创始人。他的《逆向思考的艺术》是该理论的开山之作。在这部经典著作中，尼尔通过对群众心理、舆论宣传及人类行为的剖析，提出了相反意见的行为准则。他指出："当公众意见趋向一致之时，往往也是其错误形成之时——当所有人想得都一样时，可能每个人都错了。"尼尔告诫投资者要从盛行于市场的想法与意见出发，"对新闻、评论以及困扰着我们的无数预言从相反的角度进行观察与深思"，领先于大众感悟到趋势的变化，择机采取逆向行动。

　　汉弗莱·B·尼尔的"逆向思维"理论揭示了驱动经济繁荣和萧条更替背后的市场心理现象。正是这些因素潜在地困扰着世界经济和金融文明：密西西比的地产泡沫、荷兰令人难以置信的郁金香狂潮、1929年的纽约股市崩盘……都是灾难性的历史教训，这些灾难的发生无不经由从众心理的作用而加速扩大。

与此相反，在第二次世界大战之后的数年中，到处盛行着经济衰退的恐慌预言，然而背道而驰的实际情况恰恰是经济的强劲复苏和商业的意外繁荣。

那么，市场上的大众心理为什么不可靠？相反意见理论对我们投资者有什么用处？怎样进行正确的逆向思考？这就是汉弗莱·B·尼尔力图以其在金融市场常年摸爬滚打的亲身经历向我们揭示的精彩内容。

尼尔在本书中首次为我们解剖了构成市场的截然不同的投资群体，他们的投资背景、目的、理念和操盘手法与普通投资者完全不同。看懂了尼尔对那些不同类型机构投资者及其雇用的专业交易员、股票交易所红马甲的专业分析，就会对当今仍充斥市场屡见不鲜的流言蜚语、信息不对称、水军造势、新股破发、走势异常等现象产生更加深入的理解。

尼尔以联合汽车公司雇佣的股票销售经理为例，揭示了上市股票的承销商——金融业的"制造商"们通过推销股票和操纵股价来圈钱的基本手法。他揭示出操纵股价使用的主要武器就是"股价显示器"。股价显示出投资机构通过完善的计划，一面有条不紊地发布上市公司有关信息披露或广告，一面在市场上制造传言推波助澜。而"股价显示器"则必须成为印证广告内容和市场传言真实性的"铁证"——哪怕你根本不相信却又最终不得不相信。普通投资者就这样身不由己被"股价显示器"牵着鼻子走，而他们被误导的投资行为，又通过"股价显示器"更有效地误导着更广大的普通投资者。

上市股票几乎没有例外，都会不同程度地经历这种缓慢上升—急速冲高—震荡回落的行情发展周期，其具体走势、时间长短、价格变动区间会千差万别。而配合着行情周期的不同发展阶段，市场上总是会出现相应的广告、传言和信息披露。与其说有什么样的传言就会导致什么样的行情走势，还不如说有什么样的行情走势，就必然会在"合适"的时候出现"合适"的传言。而上述行情发展周期的背后，就是一轮又一轮圈钱和被圈钱的市场故事。正如尼尔所说"我敢保证，类似的事情每个月都在发生"。

当然，承销商们的计划和方案也并非一成不变。好比在现代军事行动中，各种演习和侦查都是为了获取决战之前最重要的信息——敌军的实力。同样，在股票市场的投机交易中，一个交易员可以通过卖出大量的股票来测试市场的力道。如果卖出的压力被轻易吸收，那他就会改变计划而转向"做多"。在查明敌方实力之后，将领就必须评估自己是否有足够的兵力

(在市场博弈中则是有无足够的金融实力)来实现自己的作战目的。决定军队战斗力的强弱最终在于预备部队。在经历敌方的抵抗后,预备部队在关键的时间和空间出击并一举完成整个战役的目标任务。股市里也同样如此。

揭示市场上的大众心理趋势误区,最基本的方法就是量价分析。这也是本书的精华之所在。尼尔认为上述现象是一种必然的市场规律,不能简单地"针锋相对",而必须理性地"顺势而为"。揭示其幕后真相不是也不可能是为了消除这些市场现象。追逐利润是资本的天性,要想投资股市而不被大众心理趋势所误导,只能通过"股价显示器"进行深入理性的量价分析。只有这样,投资者才能学会"跟随专业人士在他们买入时买入,在他们卖出时卖出"。

本书中,尼尔以其长期积累的盘口技术分析,通过股票涨跌背后量价关系的变化,通过天量和地量导致的行情拐点,通过分析不同类型的顶部行为,通过对美国钢铁公司、通用电气公司、美国制罐公司、美国和国外电力公司、洛伊公司、西屋公司、美国电话公司、电能与照明公司等多只股票典型走势的案例分析,总结了依据盘口分析洞察市场走势,通过逆向思维判明幕后真相后顺势而为的投资理念。盘口分析是一门艺术,而不是科学。哲学和心理是盘口分析最为重要的元素,作为尼尔这样的天才留给我们的遗产,本书也精辟地刻画了市场博弈背后的人性。

盘口技术分析和操盘策略
Tape Reading And Market Tactics

今天,盘口技术分析的环境越来越诡秘、复杂,但尼尔的简单忠告仍旧有效:机械的预测永远不能作出聪明的判断。只有经过超越普通投资者的实战历练和坚持不懈的专业学习,才能获得成功。

《盘口技术分析和操盘策略》按章节顺序由童长征、张为豪、魏鹏辉、高赟、李雅洁、许思佳、梁琨平、方浔、李孟来集体翻译,刘奥南、刘梦茵译审。这支年轻的翻译团队,经过日常大量的金融专业资料编译,和连续多部投资专著的编译、出版,其专业素质和水平正在实战中不断成熟和提高。

刘奥南　2011年6月

第一部分
股票投机

第一章　股票投机

在开始正式学习之前,让我们先重温一些基本的常识。

股票市场是什么?它只是一个简单的市场。在这里人们用股票来换取金钱,或者用金钱来换取股票。在利用股票投机的世界里,股票的地位就好像服装行业中的西服和套装一样:它们都属于商品;买卖它们都是为了赚取利润。服装行业的制造商必须先从布商手中买来布匹,然后才能用它来制作成服装,而金融业的"制造商"(我们也可以称他们为"承销商"或者"银行家")则寻找一切机会来使得股票上市。当这些金融大亨的袖口中没有东西可卖的时候,他们就会继续制造出许许多多的再融资计划。他们必须出售股票,否则他们不可能赚取利润。

除了这些"制造商",还有另外一些人,他们并不做承销发行，仅仅是股票分销商。此外还有一些人，出于各自不同的目的，他们仅仅把自己的业务限制在股票买卖上。

当普通股具备了一定的资质之后，它们就可以在纽约证券交易所（NYSE）挂牌上市。除此以外，还有数以万计的股票在其他交易所上市。在这本书里，我将主要讨论那些在纽约证券交易所上市的股票。当然，本书讨论的原则适用于所有的投机市场。

股票上市以后，是谁来买卖这些股票呢？我粗略地把他们分为三类：

1. 投资者，寻求回报。
（a）机构投资者（保险公司、工业公司、基金等）
（b）银行类投资机构
（c）信托投资机构（这些才是真正想要投资的机构）

2. 投机商、经纪商，还有数以万计的散户投资者，他们希望能够借此轻松赚钱；还有信托投资基金和投资公司。

3. 专业交易者、股票交易所场内交易者、"资金池"投资银行，还有其他一些聪明的投机者。

在本书中我们主要关注的是第二类和第三类人，也就是那些投机者。而第一类人，投资者，不可能买了股票第二天就换手，所以不在本书讨论之列。具体来说，一个活跃的交易日，有 15 万股的美国钢铁公司（United States Steel Corporation）的普通股被交易，平均价格是每股 200 美元，那么单就这一只股票成交额就是 3 千万美元。为了了解在纽约证券交易所上市的股票市值究竟有多大，我要提醒大家：在 1930 年 11 月，纽约证券交易所挂牌的股票市值，相对于一年前（也就是 1929 大崩盘之前的高点），仅缩水的部分就有 400 亿美元。

我之所以强调这些是因为，如果要正视投机在我们目前这个金融环境下的重要作用，我们就必须意识到投机的影响力到底有多大。

美国钢铁公司发布公告称，在 1930 年 9 月 30 日，投资者共持有 7056679 股普通股，占资本总体构成的 81.04%。相比之下，1929 年 9 月 30 日，投资者共持有该股股票占到总资本的 74%～75%。这反映出一年来投资者持股比例有大幅提升。毫无疑问，这在很大程度上是因为许多保证金交易者在大崩盘发生时和过后放弃了杠杆，改为全额持有。

1930 年 9 月 30 日，经纪商和投机商手上的该股股票为 1612599 股。相比之下，1929 年该数据为 2034512 股。换句话说，假设每股的股价是 150 美元，一共有 200 万股股票（这是 1930 年之前 4 年的平均数），这样你将发现单单投机者和经纪商就持有了价值3亿美元的美国钢铁公司的普通股。

在1930年,很多公司都略带自豪地指出他们的股东人数增加了不少。杜邦公司(E. I. Du Pont de Nemours and Company)是其中最明显的一家公司。杜邦披露了一个有趣的事实,杜邦的股东人数在1930年10月31日由一年前的24134人增加到了32683人。这些股东平均持有28股。当然,杜邦自己不会说股东人数的增加是由于第二类投机者在崩盘中不情愿地变成了投资者。如同美国钢铁公司一样,有大量的投机者炒股炒成了股东。

当股价上涨的时候,有多少这类炒成股东的人会再次变成投机者呢?我把这个问题留给读者来最终解决。然而,我很确定,今天那些言之凿凿:"我以后再也不会投机了,我就拿着现在手里的股票"的人,很快就会忘记在大萧条的岁月里发生的事情,重新回到投机队伍中,为了利润——或者说是为了惩罚。

股市就像一口大锅,里面煮着投机者或者交易者的希望、欲望和绝望。如果没有这些投机者,股票市场就如同一潭死水。如果没有这些投机者,美国就不能成为世界上最领先的工业国家。我们排斥投机,但要是没有那么多投机的钞票流入股市,你和我就不能享受眼前这些被我们当成必需品的便利品和奢侈品。

投机者"运球向前"直到达阵得分。也就是说，是投机者使股票在市面上涌动，直到有一天沉入了投资者的百宝箱的箱底。

我们都知道在专业的第三类人和业余的、通常被称作"公众"的第二类人之间，存在着永恒的博弈。

公众，就是专业的交易者和金融承销商希望推销产品的目标客户。如同竞争是商业永恒的旋律一样，竞争也是投机永恒的旋律。有投机心理的公众希望在股市里用买彩票的方式赚钱，而专业人士则努力采取科学理智的方式，稳健地向公众高价抛售他们低价买入的资产。

除非我们这些组成公众的人们，对专业人士之所以存在，和专业人士的操作方式具有完整全面的了解，否则我们是不可能在和他们的博弈当中战胜他们的。

首先，让我们再更进一步看一下第三类人，对他们作进一步划分，以便区分他们之间的不同。投资银行（任何一家负责承销，或者从那些需要资金的人那里购买股票、债券的组织）是金融产品的制造商和分销商。正如我们所看到的那样，投资银行和服装制造商无异，因为在投资银行获得利润之前，他必须把他所生产的金融产品销售出去。

股票和债券的制造商常常会雇佣一些分销商、高提成的销售经理（资金池的操盘手），还可能在全世界任命无穷多的代理人来为他们推销产品。这些制造商经常会得到股票经纪人的帮助，并且也会得到大量的销售人员的帮助。资金池的操盘手根据自己的判断，在股票低位的时候买入，期望在以后股价高的时候卖给我们这些大众。

除了这些众多专业投机人士的因素，还有许许多多重要的个人交易者，他们为自己的账户进行股票买卖。在买卖过程中，他们只依靠自己的智慧、技能和判断来决定买卖操作以赚钱。还有许多跟我们的研究没有直接关系的交易者就暂且不说了。由股票和债券的发行和承销系统衍生出来的产品要比其他任何商业领域的产品都复杂得多。

有些情况下，专业人士可能被请去执行特殊使命。

当一个浴室用具制造商想筹集资金建造一家新工厂，为了发行更多的股票，他会提前雇请上述专业人士作为投资顾问。而这些投资专家可能会建议制造商在发行新股票之前，最好把他的股票安排在更加活跃的市场进行发行，这样他就可能以更高的价格来卖出他的新股。因此，发行新股其实就跟制造商要把自己的浴室用具新产品推进市场是一样的道理。

某家公司的一群大股东将把上述专业人士请过来，说他们打算把手中的股票卖掉。他们当然知道不可能把所有的股票全部卖掉而不导致股价下跌。于是专业人士将负责为这群大股东把股票卖给大众,专业人士和大股东的协议就是商定一个双方接受的平均价格。

接着一大群专业人士将聚在一起,形成一个资金池——目的是为了将他们打算卖给公众的一定数量的股票确定一个更高的价格。

某些公司企图通过公开市场购买股票来控股另一家公司,比如说可能需要 5 万股才能获得一家公司的控制权。于是上述专业人士又将被请来作为购买股票的代理人。在这个案例当中,专业人士的策略则正好相反。他们的工作是用尽可能便宜的价格去买入,而不是以更高的价格去卖出。他们的策略就是尽量杀低股价以便说服公众销售他们手中持有的该只股票。

我还能给出很多很多的例子来说明专业人士存在的理由。必须铭记于心的是,在金融领域要做的事情,就是把股票卖给公众。在专业人士的每个操作背后都会有其目的:他也许只为了个人简单的获利目的,也许包含了为行业筹集资金的计划。只要我们明白专业人士把我们当成客户,而不是伙伴,我们就应该在打算通过交易股票,或者投资股票赚钱之前先感受一下这项工作是怎么做的。

我们现在回顾一下,看看专业人士是如何达到他们的目的的。

为了举例说明，我们做如下的假设，我们相信联合汽车公司（Amalgamated Motor Car Company）当前的价格很便宜。我们很熟悉这个公司的管理层，管理层告诉我们：联合汽车公司的业务正处于上升阶段，不久之后肯定会实现更多的利润。他们更进一步充满信心地告诉我们：财务总监还要计划给股东们一个惊喜——将对一个已经实现的巨额资本公积进行股息分红。换句话说，这让我们意识到股息分红将要兑现。

通过调查，我们发现只有三个大股东打算卖出股票，于是我们作出这样的安排，让这三个打算出售股票的股东给我们买入权，行权价格大大高于当前股价。现在我们做好了筹集股票的准备，要知道，因为我们协商过了买入权，所以当成交变得活跃之后也不会有大卖单。

公司的管理层对我们的计划很感兴趣，因为保持他们公司股票的市场活跃性对于他们的业务和股东都是有利的。因此他们很乐意和我们合作，为此积极地告诉我们公司业务的进展情况，利润的增长以及其他一些相关细节。

我们请了一个职业生涯很成功的操盘手来做我们的投资经理，并且让他首先做我们的采购经理，然后再做我们的销售经理。

盘口技术分析和操盘策略
Tape Reading And Market Tactics

这位专业人士的第一项工作就是尽可能便宜地购买我们决定买入的股票。他可以大张旗鼓地宣传这个公司的财务状况，说过去六个月当中该公司盈利表现不好。他还可能估出一部分该股股票，利用这类方式诱使公众跟风卖出股票，进一步打压股价。自然他选择股票购买的时间应该是市场整体技术性走弱，而公众总体又很悲观的时候。

当我们大规模买入该股股票之后，这个重要的工程才完成了一半。我们的销售经理必须做好他下一步的广告和宣传计划。他放出消息说这个公司的业绩正在转好。与此同时，从公司总裁到财务主管，都相继发布财务声明，这些财务声明事先都已经为媒体、市场报告的分析师、经纪商和客户经理们准备好了。传言不断地传播，一切的一切都事先做好了准备。

然而最有效的销售手段，则是不断上升的股价。广告传言中所使用的主要武器就是"股价显示器"。为了增强市场活跃性和投资兴趣，我们必须持续不断地买入股票。我们必须要吃掉从小交易者那边卖出的各类卖单，但是卖单量不能太大，并且要让这些卖掉股票的人，当他们以后看到股价渐渐稳定上涨时还能够重新买回来。要是有太多的买单涌入，我们的投资经理还必须卖掉一部分股票，以防止股价上涨过快。

在这段时期内，不同的宣传手段轮番上阵。关于这家公司的小道消息引起了更加广泛的兴趣。人们开始咨询他们的朋友，是否注意到了联合汽车公司。经纪商开始接受相关咨询，广告作用开始发酵。

此时我们的销售经理还是不能卖出大量的股票。而且在有些交易者获利了结的时候，他还要被迫继续支撑股价。有一些投机者看到股价上涨，就会对该股票进行做空。这些卖单需要一直能够被吃掉。不过，这是好事，由于那些做空的人现在变成了潜在的买者，不久之后，他们的买单就会成为我们出货的帮手。实际上，我们的投资经理十分乐于把股票借给这些投机者融券卖空，并且还特意准备了几个反应策略以便吸引卖空行为。（投资经理在必要的时候偶尔也会做一些卖空的动作，这是为了控制该股交易的市场节奏。）

当公众对我们的商品越来越有兴趣的时候，投资经理的工作便变得愈发艰难。虽然他具有处理这些问题的专业技能，但要超越非"公众"的投资者则非同一般。

传言在继续不断地流传，公众开始贪婪地买入，他们相信额外的分红，或者说是某种"馅饼"肯定会从天而降。投资经理开始专心销售股票。不断增强的市场活跃度导致股价涨得更快，接着会有几次大的调整，但之后的每次上涨都会创下新高，公众很快就会相信股票还能再涨100个点，一切皆有可能。

由于我们的投资经理正在抛售难以计数的股票，结果就是成交频密，不断放量。高潮马上就要到来，我们有接近四分之三的股票已经卖掉了，这是一个伟大的时刻。

第二天早上，全国的媒体都报道了这则广受欢迎的新闻：公司的财务总监公布了股票的分红方案。公众的热情沸腾了，我们的投资经理接着把剩余的股票一售而光，他的任务圆满完成。

我们的传奇故事还有一部分需要继续。公众现在持有这只股票，其中一些人开始卖出，然后其他人也开始卖，再也没有买单来支持股价。专业人士感觉到"消息快要过时了"，于是开始做空该股。追加保证金的通知满天飞，这导致更多的股票被卖出，价格迅速滑落。当价格跌到足够吸引投资者目光的时候，重要的买单将会再次进入市场，空头将会回补他们之前的卖单，公司管理层或许也会买一些股票。由于公众已逐渐把手中的股票卖完了，股价快速上下跳跃的情况将慢慢终止。

公众输钱了——是的，公众是指那些普通的投机者，他们在价格上涨的时候买入股票，而在价格跌到底部的时候割肉卖出股票。他们当中的很多人都会在这个虚构的交易当中遵循经纪商给他们制定的规划。经纪商建议的结果就是"在高点买入，在低点卖出。"

我对这个过程的描述有点啰嗦，因为，我敢保证，类似的事情每个月都在筹划、发生。除非我们理解这是设计好的局面，吸引我们买入股票，否则我们怎么能够跟上节拍，在专业人士买入时买入，在他们卖出时卖出呢？

据说，股价很少会自然上涨，但它们都会自动下跌，除非有人在推升股价。我相信这是真的，因为很难想象要是没有背后的买入力量的话，交投怎么能够保持活跃呢？任何一个交易者，要么获利，要么卖出改炒别只股票。死气沉沉的市场是无法吸引投资者的。只有持续性的买入卖出活动才能创造市场的流动性和需求。无疑存在着很多资金池，以及很多专业的操盘手，他们会同时对那些最活跃的股票发生兴趣。

为了在投机中获利，我们必须选择活跃的股票进行交易——也就是那些由操盘手操作的股票。我们要在交易的战争中取得胜利就必须选择那些活跃的股票作为战场，它们会得到一个或者多个银行的强烈支持，并且要明白，介入的资金越多，你的盈利增长越快。如此一来，我们的问题就变成应该怎么安排交易时机——何时买？何时卖？

让我们暂时先翻转一下这幅场景。我们刚刚看到的是幕布背后。从舞台的前面看，认识到后台操作的规模，"公众通常都会猜错"还值得奇怪吗？个人交易者面对的最难的问题之一：他试图与华尔街最聪明的人猜谜，而这些人是知晓内情者。交易者必须不能忽视这样一个事实：真正的"知情者"通常拥有强大的资金作为后盾，当他们出现判断错误时能够承受损失。

然而，1930年的下半年，在大清盘的市场当中，大资金、大操盘手全部都受到了重大损失。当然，那些改变了策略去当"空头"的人除外。精明的专业人士不再试图在一个疲弱的熊市中操纵股票上涨。偶尔也会有人试图"扭转趋势"并获得短暂的利润，但由于操盘手必须要找到别人来买他们的股票，他们几乎总是在市场大众感到技术和基本面都乐观的时候才会操作股票。

指挥战争的将军们会隐蔽部队的行动，以迷惑敌人。同样，一个金融领域的将军也会制定战略战术，让公众和其他操盘手只能猜测。关于股票的操作，在我们开始讨论盘口分析之前，我还有很多话要说，不过在这里插入一个声明是必要的。对于我们这些外部人而言，我们买卖的股票相比之下只是占了其中很小的一个比例。我们去猜测"知情者"如何操作股票其实毫无意义。我们不可能知道"知情者"打算做什么，但是我们确实能够在盘口上看到他们执行的买单和卖单。这就是我为什么恳请大家不要只关注"知情者"的意图，而是要让市场的走势告诉我们当前正在发生什么事情的原因。我们将在之后更加详细地讨论这个话题。

要是你在这个市场当中亏钱了,请不要沮丧。在 1929 年至 1930 年之间,几乎所有人都亏钱了。其中还有很多大的交易者亏光了,必须重新开始。资金池被迫清理损失。银行索回贷款,要求清偿债务。

如果你不能做到高高兴兴地亏钱,就不要在这个市场中做交易!那些很容易沮丧的人是不适合做股票交易的。必须要能承受无数次损失。问题在于你要限制损失。任何人都不能期望成为常胜将军,一次都不亏损。

从小资金开始做,对合理的利润要满足。如果你下定决心来实践本书中所讲到的理论和想法,首先零零碎碎地买一些股票。不要冒险,更不要借钱。我知道这是一个磨破耳朵的建议,但是保证金交易和资金压力会扭曲你的判断,阻碍你发挥交易技巧。当你认为你已经熟悉了技术分析,能够解释市场的价格运动,并且能够快速地认赔,然后再开始操作更大的金额。在到达这个境界之前绝不要买入太多的股票。做一个小交易者没有什么丢人的,而且,即便很多年之后,市场仍旧不会关门,你永远都有机会。

另外一件事情是——1929 年和 1930 年的大萧条和市场下跌使我们所有人都失去了信心,我们所有人都需要数月或者数年的时间来重新调整对市场的态度。我相信,你会发现我在本书里面所讲的主要原则是可靠的,但在市场条件发生改变的时

盘口技术分析和操盘策略
Tape Reading And Market Tactics

候，你必须要灵活调整你的视角。我们必须根据形势的变化适当调整我们的观点，不能永远把每一个因素都和最近发生的事情做对比。

市场条件发生了改变，新的公众投资者已经诞生。然而关于价格上涨和反应的古老原则还将继续主导市场。我们还会遇到"疯狂的牛市"，也还会遭受灾难性的暴跌。没有接受过指导和系统性学习的公众还是会在股票高位时买入，低位时卖出。在经纪商的办公室里还会看到初出茅庐的新交易者，他们还会在错误的时间从华尔街那些"老油条"手中接过股票。

操纵股价和联手坐庄可能需要更多的资金才能对付新一代的为数更多的公众投资者，但是古老的方法并没有发生改变。

说完最后一个要求，我们就将翻过这一页开始讨论盘口分析。如果你不情愿学习的话，如果你对自己去调查和分析股市不是很感兴趣的话，那么我希望你成为一个纯粹的多头买入持有者，选择一些好的股票买入，然后一直持有。否则作为一个交易者的成功机会将会是0。

第二部分
盘口分析

第二章 股价显示器

股价显示器的背后

在第一部分里,我们已经见识了"股价显示器"背后的强大力量。我敢保证你一定会同意我这样的观点:如果我们想要预测股价的上涨和下跌,从而在股市中获得成功的话,我们就必须用尽我们的智慧。我们务必要仔细观察以及作出准确的判断。(这些讨论与中期趋势和股价的小幅波动有关,但是和长'期趋势无关。)

市场中买卖股票的行为被记录在股价显示器上。对外行来说,股价显示器几乎没有什么意义——它只不过是一些混乱的符号和图表。然而,对乐于学习的人来说,股价显示器却能根据你的技能、判断、研究和自制力，提供相称的机会。

由于股价显示器记录了资金流动，我要求大家暂时先忘掉"点"这个词。我们在讨论股票报价的时候通常都用"点"，但在这里我们先用"美元"。提及美元立刻就让人想起了买卖。比方说，你在股价显示器上看到有5000股钢铁公司股（股票代码：X）以170美元成交，你就会想到有价值85万美元的美国钢铁公司的钢铁股被转手。然后你又注意到，几小时之后，又有一笔等量的股票完成转手，只是此次价格为175美元，你就该知道这次交易的价值比上一次增长了2.5万美元。对于我来说，用具体多少美元这种方式描述交易的过程，要远比说股价上涨了多少点明确得多。

在理解盘口分析的技术之前，让我们在大脑里想象一下这些股票代码背后的场景吧。如果你从未到过纽约证券交易所，我建议你有机会就去参观一下。同时把它想象成一个成百上千人忙着买卖商品的市场。你可以看到角落里聚了一小群人，而中央有一个人，他拿着他的客户的交易指令，比如说1000股美国制罐公司（American Can）的买单，价格在每股150美元，指令的总价值为15万美元，一笔非常大的买卖。而人群当中的其他人可能有一些小的卖单，有些人想要卖出300股，另外一些人要卖200股，等等。

在交易所的交易池内有很多像上述这样的人群。这些人每

盘口技术分析和操盘策略
Tape Reading And Market Tactics

天上午10点到下午3点之间，都在这里执行从办公室里发过来的指令——这些指令可能来自你或者我，或者世界各地的买家和卖家。还有很多场内交易者——他们是交易所的会员——为自己自营交易。所有这些指令，所有这些数百万股的流动，都在股价显示器上记录了下来。

为了搞明白这么庞大的交易是怎样进行的，让我们拿出一天来作为示例。这天有400万股股票被买卖。1930年12月16日，300只活跃股票的平均价格是39.89美元。这300只股票的卖单量是352.57万股。单单这一天，股票成交的总价值就达到14462.9173万美元。你可以轻易地想象出这个数字在18个月之前应该有多大。这些数字都是非常重要的，我们在后面讨论成交量的时候会再度指出。

我在本书的第一部分里描述了买卖股票的不同类型投资者。务必要记住的重点是：所有这些人都是人类，就好像你和我。其中有些人在股票市场上比我们更有经验，另外还有很多人比我们的经验还少。有些人非常保守，而很多人是纯粹的赌徒。不过，除了那部分是为了佣金而买卖股票的人之外，每个人都和你跟我的兴趣是一样的：那就是从交易当中获利。我们都是被同样的欲望所驱使，受到同样情感的影响。（当然大家的程度会依照个人的性情和所受到的训练而有所差异。）简单地说我们都是试图通过自己的投机、直觉判断来挣钱的。我们都希望我们的资金能够以一个非常高的回报率来增长。

第二章 股价显示器

我们在心里把这幅图画想象得更加清晰些。股票显示器仅仅是对人性的记录。这个记录给我们提供了成千上万的人们关于股票的想法和希望。我们必须要在脑海里排除其他的事实。很少有人知道,或者说很少有人能够知道是谁在买卖股票。我们总是听说某某某在买入股票,但是他可能正在通过另一个经纪商抛售股票。如果他想让我们知道他在买入股票,我们就必须要小心了。所以,我们必须要抛弃直觉和不着边际的猜测。要是他买入了并且同时卖出了,他的交易记录就会在股价显示器上显示出来。我们必须能够自己解释这些交易记录。所以只要我们还在持续不断地猜测到底是谁买了或卖了这些股票,我们就会一直沉浸在困惑的汪洋大海之中。

那个有能力知道是谁在买卖股票的人,是不需要股价显示器的。

在经纪商的办公室里,你会发现有更多的人在讨论这个市场里"他们"在干什么,而没有意识到去猜测他们无法知道的东西是没有意义的。我们从专业的交易者、资金池操盘手以及重要的银行财团那里学习到的,只能是他们希望我们知道的东西——千万别忘了这一点!同时,一刻也不要忘记,看不见的"他们"正打算实现如你我一样的目标:从买卖股票当中赚取利润。解决整个股票投机问题的办法是判断并预测其他人怎么做。而且还有一件事情我们不能忘记:与我们做智力对抗的,是美国最聪明的那一部分人。

只有相对很少的人能够从投机中持续盈利,这又有什么好奇怪的呢?

请记住我的建议。内幕知情者,在价格的小幅波动上拥有比我们大得多的优势。我的意思是,试图在小时或者交易日的周期内通过买卖股票来赚钱是没有任何用处的。趋势越长,我们就越有更多的机会来确保正确。这就是我为什么一直强调交易务必要限制在中线周期内进行的原因。

股价显示器

我们先看一下当时的股价显示器。

U		IRR	LW	MMP	R	KN	PA
$6.19\frac{1}{8}s.19s19.5.\frac{1}{8}$		6000.s.4	$54\frac{3}{4}$	13	16	$5.31\frac{3}{4}$	$60\frac{7}{8}$

NA	BGI	LW	APWR	X			PUC
$71\frac{3}{4}$	$5.15\frac{3}{4}$	$23.54\frac{3}{4}$	10ss99	$46\frac{3}{8}\frac{1}{2}.3.\frac{7}{4}.4.\frac{7}{8}$			$2s2\frac{3}{8}$

图 1

字母表示不同种类的股票。字母下方是数字。有一些被点、黑方框分隔开,其他的由"S"分隔开。

点和"S"代表同样的东西:把股票的成交数和股价分

开。而"ss"出现的地方表示零星的股票成交（通常小于100股），在股价显示器上通常显示的是那些成交量小于100股的优先股和普通股。最后的两个0没有显现出来，除非成交量为5000股或者更多。

股票代码下方的数字串，只要价格非常明显的话，通常省略了整数位上的数字，而只保留了小数位上的数字，比如说，在联合公司里，U（参看图1），你会注意到最后一笔交易指显示了"$5 \cdot \frac{1}{8}$，而这代表"500只股票以$19\frac{1}{8}$美元的价格成交"。同样的，为了提高股票显示器上的记录速度，卖出的股票超过100美元的话，当这只股票为交易者所熟悉的话，通常也省略掉它的第一个数字。可以在美国钢铁公司X中找到示例，在这里所显示的$46\frac{3}{8}$美元其实是表示$146\frac{3}{8}$美元的意思。

从左边读到右边，股价显示器上要说明的内容，翻译过来如下：

联合公司（United Corporation）

以$19\frac{1}{8}$美元的价格成交600股

以19美元的价格成交1900股

以$19\frac{1}{8}$美元的价格成交500股

印度炼油公司（Indian Refining）

盘口技术分析和操盘策略
Tape Reading And Market Tactics

以 4 美元的价格成交 6000 股

洛伊公司（Loew's）

以 $54\frac{3}{4}$ 美元的价格成交 100 股

迈阿密铜厂（Miami Copper）

以 13 美元的价格成交 100 股

广播公司（Radio Corporation）

以 16 美元的价格成交 100 股

肯尼科特铜业公司（Knecott Copper）

以 $31\frac{3}{4}$ 美元的价格成交 500 股

宾夕法尼亚铁路公司（Pennsylvania Railroad）

以 $60\frac{7}{8}$ 美元的价格成交 100 股

北美公司（North American）

以 $71\frac{3}{4}$ 美元的价格成交 100 股

布里格制造公司（Briggs Manufacturing）

以 $15\frac{3}{4}$ 美元的价格成交 500 股

洛伊公司

以 $54\frac{3}{4}$ 美元的价格成交 2300 股

第二章 股价显示器

阿特拉斯炸药公司（Atlas Powder）优先股：

以 99 美元的价格成交 10 股

美国钢铁公司

以 $146\frac{3}{8}$ 美元的价格成交 100 股

以 $146\frac{1}{2}$ 美元的价格成交 100 股

以 $146\frac{3}{4}$ 美元的价格成交 300 股

以 $146\frac{7}{8}$ 美元的价格成交 400 股

犹他公园铜矿（Park Utah Mines）

以 $2\frac{3}{8}$ 美元的价格成交 200 股

如你所知，纽约证券交易所交易单位是一手 100 股，零星的卖单是没有在显示器上显示的，除非有一些股票的买卖单位就是 10 股。这对于股价显示器的读者来说很有帮助，他可以比较买方和卖方，看谁会有充分的资金来交易 100 股，或者对多于 100 股的股票进行交易，通过分析对比来形成自己的意见。当然，在更大的成交单位当中，也会包含零星的股票，它们会不时出现。这都是很有价值的信息。当然，你不能判断一笔交易，比如说，1200股的交易是不是由零星的指令组成，但是你可以看到一笔1200股的股票交易的结果。

股价显示器说了些什么？

无论如何我都应该说，我要警告大家：在股价显示器上看到的只是买家和卖家交易股票的结果。并不能看到JP摩根公司（J.P. Morgan and Company）的隐匿的买卖动作，也不可能看到杰西·利弗莫尔执行的卖出动作。利弗莫尔先生可能在买，也可能在卖。但是如果股票在上涨，那么我就当多头。我应该感到满意。因为我并不熟悉JP摩根公司的任何人，也不熟悉利弗莫尔。我非常确定作为一名个人投资者，他们对我没有兴趣。但是作为一个投资群体而言，他们对我很有兴趣。我这样考虑：个人交易者想方设法了解重要的操盘手正在做什么，但是他从来没有想过这些操盘手也必须去考虑公众投资者正在做什么。个人投资者作为公众投资者中的一员，也是这些操盘手所要考虑的。我觉得这是一个公平的安排。投资经理或者主要操盘手手中可能拥有价值几百万美元的股票。要是他打算在投资思路上跟公众作对，我们就要愿意承担资金风险，不要期待他会私自告诉我们他在怎么想怎么做。如果我们想轻松赚钱，就不能抱怨风险。

尽管我同意股票的行情走势在华尔街通常是被人操纵的，但我也知道大操盘手曾经很多次地被公众愚弄过。1930年的经济危机在这些操盘手的脑海里留下了长久的记忆。我们都听说过有很多股票都必须以灾难性的价格被清理掉。"他们"承受了损失，所以我们也要承受损失。一个人从交易25股开始，到后来做500股，他一点也不发愁卖掉股票。他总是可以找到股票的买家。但是，动辄做多几千股的操盘手却经常发现他们没办法把股票卖掉。

因此我们的问题就演变成为：如何从股价显示器上判断人们交易行为变化，从而判断两种人未来的举动——由所有买家组成的买方和由所有卖家组成的卖方。股价显示器为我们记录下了他们的交易情况。价格告诉我们买方愿意支付什么价位，卖方愿意接受什么价位。成交量（单笔交易的股票数）告诉我们有多少买家能够，并且愿意拿出真金白银来支持自己的判断；反过来，成交量也告诉我们有多少卖家愿意在所提供的这个价位上卖出他们手中的股票。

第三章　盘口分析的原则

盘口解读

盘口解读主要依靠的是成交量的变化。不是研究价格行为，而是研究交易量行为——金钱的数量、供给和需求——这些都能够恰如其分地描述正在发生的故事。你当然会同意以下两笔交易是大不相同的：一笔是有买家愿意支付1.5万美元去买100股钢铁公司的股票（显示器上显示为X-150），另一笔是支付15万美元去买1000股同样的股票（显示器上显示为X-10.150）。在后一个例子里需求量更大。供给也是同样的道理，不要忘记每一笔买入股票的背后都意味着有同样一笔股票被卖出。我们的工作就是去测算供给和需求力量间的平衡：是需求大过供给从而导致股价上涨还是反过来。交易量的行为告诉我们供求关系，成交价格只是表示出交易量的价值。

盘口分析是一门艺术，而不是科学。在经历过并且熟悉了不同类型的市场之后，交易者将会达到一个境界：他可以凭借他的直觉来进行交易。他可以"感觉"到盘口。我不敢奢望能够达到靠直觉分析盘口的境界，但是如果你理解了其中的原则和这里所指出的一些提示，不用过几个月你就会有这种"感觉"。由于熟悉了不同的股票代码，你一眼瞟过去，就能够注意到哪些是重要的交易，而哪些不重要。盘口分析的哲学和心理是最为重要的元素，它将带来成功——成功地解释价格运动的现象，尽管并非成功赚钱的必要条件。

成功赚钱依赖于你自己的行为和反应、你的感情、你根据自己意见的执行能力，还有几百种其他的人为因素。它们的很多内容将在本书的第三部分加以讨论。

别丧气。要是学会盘口分析很简单的话，就不会有什么股票市场了。要不是存在许多种不同观点的话，活跃的投机就不存在了，甚至都不需要公开的股票市场。

一般原则

为了简化我们的问题，我在这里要简单地定义一下三种不同交易量变化类型。

第一种：价涨量增，价跌量减。当价格上涨的时候伴随成交量放大，上涨过程中出现回调或者中止上涨——价格回调的时候成交量缩小。这意味着潜在需求大于供给，将促成价格的重新上涨。

第二种：价平量增。在上涨的顶部伴随交易量增加，持续一段时间，而价格没有再继续增长——股票频繁交易而价格却没有上涨，这暗示着拐点的到来。

第三种：价涨量减，当股价以较轻的交易量爬升，行情"疲惫"或者股价纠结挣扎，仿佛"死"在顶部。这意味着需求缺乏，买单太少；并且卖单也同样很少。这种情况通常都意味着"反转"，当卖家看到他们不能在那个时候以那么高的价位卖出股票之后，就会出现价跌量增。这种股价纠结挣扎的趋势都会导致突然的反转，特别是这种情况持续了好几天之后。

第三章 盘口分析的原则

这些类型在下跌的市场中也会存在，只是顺序要倒过来。

我将举几个例子来说明一下这几个原则是怎么发挥作用的。在某些例子当中我将介绍一些大幅的价格变动，还有一些大趋势的主要拐点。而在另外一些例子当中，我希望能够表达出同样的市场行为怎样在一个比例相对较小的交易量下和相对较短的周期里，提供同样的信号。经过广泛的验证以后，这些原则基本上是相同的。不管是在以一天的周期来预测接下来的小幅波动还是在一个中期的周期内去预测一个大规模的趋势变动。

盘口技术分析和操盘策略
Tape Reading And Market Tactics

第四章 价涨量增

我已经说明过盘口分析的核心是解释成交量行为。说明这个问题的最为普遍的例子是：当市场强劲上涨的时候，成交量在不断放大。价值百万美元规模的股票在频频换手。再过一段时间我们将会注意到，股价一般会放慢其上涨节奏。此时最重要的是观察它的成交量。如果伴随上涨节奏的逐渐放缓，可以感觉到成交量在减少，那么这将是一个明显的信号，意味着虽然买方力量已经减弱，但也没有更大量的股票卖单释放出来，导致发生直接的变盘。如果在稳定一段时期后，价格开始回落，可以发现在价格下跌过程中成交量放大。如果价格是受到轻微的压力下跌——也就是说，如果成交量不大，只是几百几千手股票成交而不是大量的股票成交——那么它将是一个明显的信号：股价随后就将重获上涨动力。这来自于在华尔街流传的不容置疑的格言"不要在不活跃的市场中卖出股票"。我相信这在牛市当中是适用的。因为在熊市期间，在"不活跃的市场中买入股票"看上去是危险的。

因此,观察到上涨中价格回调而市场出现不活跃的反应,你将会看到价格重新获得上涨动力。反过来,在价格下跌之后反弹上涨伴随成交量的减少,这意味着之后将迎来一个更低的价格。在1930年的夏季和秋季,当股价灾难性下跌的时候,价格的上涨立刻伴随着成交量的缩小——成交量在上涨中干涸了。然而,当价格下跌的时候成交量快速增加。这意味着要卖出的股票数量比买家愿意购买的数量大得多,除非股价长期处在一个很便宜的价位上。

第五章　庞大成交量下的拐点

成交量放大但价格未上涨

价格运动趋势的末端伴随着成交量放大是非常重要的信号，因为它一般预示着市场将要发生转折。在价格上涨的情况下，股票价格没有再进一步地上涨，而成交量在股价的顶部持续不断地增加。换句话说，我们的买家想要买入更多的股票，持续不断地放出买单，同时，我们的卖家，原先只是想在股票上涨的时候卖出，现在却提供了大量的股票卖单。当买方和卖方展开拉锯战的时候，价格顶部的对抗非常激烈，意味着潜在的下跌即将发生。

当价格处于底部的时候同样也是这样。你可能对1929年和

1930 年股价下跌之后的拐点非常熟悉了。举一个例子，交易量在 1930 年 6 月 18 日突然放大的时候，一天之内有超过 600 万股进行了易手。那天之后股市上涨开始，不久之后买家开始买入股票，尽管在此之前所有的委托单都是卖单。1929 年到 1930 年之间，有很多这样成交量放大的日子。1929 年的 9 月和 10 月，股票在价格顶端翻来覆去反复易手。

市场力度由强转弱具有同样的特征。由于例子更加清晰，我已经提及了一下这些重要的日子。

让我们简单回顾一下最初两个阶段的成交行为，并把它们用人类行为的术语翻译出来。

成交量预示上涨

在价格上涨过程中，有什么事情正在发生？两件事：第一件是那些原来是空头的人正在买入股票进行回补；第二件是那些原先卖票退场后预感到价格还将继续上涨的人重新入场买入股票。这两类人都在花钱买入某样东西，但一部分人是在平仓结束交易，而另一部分人是开仓进入交易。那些要回补空头

盘口技术分析和操盘策略
Tape Reading And Market Tactics

头寸的人比那些多头买家更着急。空头持有者如果相信价格上涨将持续一段时间，那么他很快会回补。如果你打算买入股票（同样的，如果你考虑卖出你所拥有的股票），你会对别人的这两种观点都感兴趣空头约翰·史密斯的判断，他借股票卖出后等待价格下跌；而多头约翰·琼斯的判断，他买入股票持有等待价格上涨。你也想要判断出整个市场上是否史密斯们要比琼斯们多很多——也就是说空头回补是否比多头买入的人更多——简而言之，如果价格上涨主要是由于空头回补造成的话，随之而来的就很有可能是更进一步的下跌。

你怎么才知道真实的情况究竟如何？在这种情况下，需要观察成交量，并且还要看价格改变的速度。如果你考虑买入，你可能并不着急，而且，你并不希望一个"市价成交"的指令可能以比你在盘面上看到的价格每股更高出2到3美元的价格成交。另一方面，如果你是空头，感觉下跌已经结束，那么你会发出市价买入的指令，尽快平仓把盈利套现出局。

假设你已经感觉到底部的拐点就要出现了，于是买入2到3只股票。你现在的注意力就会集中在是持有这些股票等待一次大规模的上涨，还是万一你对趋势拐点的判断错误，就要尽快抛售这些股票。你的问题现在转化为：确认一下在空头回补的买单当中，是不是有许多人抱着"捡便宜货"的心理而买入股票（"捡便宜货"指的是那些知道市场的基本条件并持有买入头寸的人，也指那些发行证券的保荐人对股票的买入）。你

第五章 庞大成交量下的拐点

将看到大量的股票在上涨的价格中被稳定地买入。市场间或会变得平静，成交量下降。但巧合的是，你注意到股价并没有走弱，只有 100 到 1000 股或者 2000 股的股票在低价位上成交，而在更低的价格上，不存在大量股票被频繁换手。

我们在此先暂停一下，我想先问一句：如果你现在还持有空头头寸的话，你将怎么办？如果你本来就打算进场买入股票的话，这个时候你将怎么做？

如果你现在是空头，我相信"股价不再下跌，市场处于一个比较紧张的状态"这样的事实会促使你思考："尽管在这个价位上我的空头头寸还有点利润，我最好还是买入股票平仓"。或者是"在我的损失扩大之前买入股票"。同样的，如果你想进场买入股票但还没有形成决心的话，那你可能考虑的时间会多一些；但是一旦你看到价格上涨时，你很可能就会赶紧发出买单。

在这个想象的市场当中，我们可以想象一下股价的快速上涨持续了两个小时，接下来市场开始沉寂，价格在比"高点"低 1 到 2 美元的位置徘徊，这也持续了两个小时左右。关于走势的观点被平均分成了两类：那些认为价格将下跌的人卖出股票，而另一些人则谨慎地买入。不久之后你会看到有 3000 股或者 10000 股你持有的股票在以同样的价格换手，或者说比正常情况下要多得多的交易量。你马上就会警觉起来，你将持续

盘口技术分析和操盘策略
Tape Reading And Market Tactics

关注这个信号（当然，信号也可能是温和上涨的股价，也可能是其他任何一种不寻常的成交量）。在发生了异常的成交之后，你手中的股票还出现了其他的卖单。同时，你也注意到了其他股票的成交。例如钢铁股票同样正在获得上涨动力。

现在你的注意力将会集中在盘口上：你立刻就想看看在市场沉寂之后放大的成交量是不是会应验你的预期，即价格将重新恢复上涨。不久之后你就明确知道结果了。市场可能重获上涨动力，正如我们前面分析成交量时所指出的那样；更高的价格将会产生。这样的话，如果你还没有回补你的空头头寸，现在就毫无疑问要进行回补了。其他人也一样，这样新一轮的上涨就形成了。但是这一次，因为这是第二波，买家会变得更加大胆，价格的上涨也会持续一段更长的时期（在这里要说明一下，股价经常会有一个三天的上涨周期，因此如果你打算抓住股价活跃的时机的话，就需要仔细分析一下这些上涨周期末端的市场行为）。

要是发生了我们未预计到的情况：成交量在更低的价格上放大，那么你最好立刻卖出你的股票保持观望。在下跌的方向上，成交量的进一步放大将会抹平这次上涨，股价将会回到原来的起点。然而大多数情况下，在上涨之后出现的市场沉寂都会预示着股价重新上涨的到来。但是不要和盘口争辩，查清楚买方是不是比卖方的力量更强，还是相反。然后根据查实的结果采取行动。成交量会带给你想要的答案。

发现趋势的拐点

我们假设股票交易非常活跃，成交量巨大，但没有发生明显的上涨。正如我们所知道的那样，这预示着股价将要发生反转。这段时期的长短取决于拐点的重要性。在这段时期内，有些股票将可能创出新高（或者如果下降趋势将要反转的话，可能创出新低）。但是大部分人只是大量地成交，并没有赚钱也没有输钱。这个特点通常是专业人士想要哄抬股价造成的，这么做是为了给其他股票制造流动性。在这个节骨眼上，如果一个主要的拐点就在眼前的话，研究涨速第二或者第三的股票就将是一个好的计划。它们将会给你一个反转的确认。比如说，1929年的时候，在股票开始下跌前的几个星期，股市非常不活跃。那时候，公众的投机热情是如此高涨，在几个星期内买入力量都没有消失掉。市场最高点出现的日子平均来说是在9月2日，但是领涨的龙头股直到10月中旬才进入到下跌趋势中。

在这些不活跃的股价变动当中，我们也可以找到相同的特征。市场在平常都是持续地上涨，在主要趋势中存在一些回调。在1930年的秋季有很多涨涨跌跌。但总体趋势是下降的。

不过，我描述的原则，同样也适用于价格受到操纵时的情况。

把这些原因转换成人们的习惯用词，其实也是非常简单的。股价只不过是由股票的买家和卖家的决定所形成的。在拐点，对于市场的观点会演变成决策——被均匀的分割成两半，买家和卖家都很忙。

我们再回到顶部拐点发生之前的那个时刻。公众被价格的变化所吸引而不是成交量，那就是说，公众并没有分析成交量行为。在趋势转换之前以及趋势的最后阶段，专业人士和投资经理才把股票卖给那些缺乏经验的人们。那些粗心的人们看到股价稳步上涨，只是伴随小幅的回调，错误地把这种现象理解为股市繁荣的表现，然后重仓买入这正是那些专业人士所期待的。实际上，投资经理们正是利用人们的弱点来操纵价格的快速上涨。他们知道数以千计的交易者和买家将会被价格上涨所吸引。成交量在某几个点位上大量放大，新闻会把这些消息当作头版头条播报。不仅在长期趋势的末端，而且当价格没有实质性上涨的时候，也意味着拐点的到来。在达到顶部之前，价格的快速上涨伴随大量的成交也同样预示着拐点，这都是一个危险的信号。这几个阶段总的来说在华尔街都被称作是"整理区间"，虽然严格地讲，整理区间要花费更长的一段时间，因为资金池中的股票有的会在之后继续上涨，而有的则在之后下跌。

第五章 庞大成交量下的拐点

其他类型的拐点

当我们揭示成交量的改变趋势的时候，我们会考虑许多因素。比方说，1930年6月18日，代表了一次严重下跌之前成交量的萎缩，有600万股股票成交。在1930年8月价格下跌的末端，由于保证金的活跃账户的减少，仅仅只有340万股股票成交。我对那天记得很清楚，因为我是空头，打算搞清楚是否有足够的成交量来确定拐点的到来，卖方是否有可能走得更远。然而，虽然股票的成交很多，但却有三个小时没有取得一点上涨。在成交量放大的情况下价格没有上涨。这就是拐点即将出现的信号。

然而，就在那年之后的11月份，市场暂时逆转趋势，紧接着价格稳定地下跌了51天，我们却没有碰到成交量放大之日。为什么？因为经纪商的保证金账户已经降到最低点，经纪商的贷款也达到了历史性的最低水平。清盘持续了好几个星期。那些实力雄厚的资金并没有像那些进行保证金交易的人那样发生清盘（1929年秋季股市的灾难性下跌是由于保证金交易带来的恐慌性抛盘造成的）。因此需要估算一下已经完成的清盘幅度，然后等待拐点信号的出现。

盘口技术分析和操盘策略
Tape Reading And Market Tactics

这个时期很难熬，我承认有两次我"感觉股市到达了底部"并且下了交易指令，但又发现我只不过是作出了错误的判断。幸运的是，我们并不经常看到市场清盘，我们必须小心翼翼地不要让我们的"盘口分析"建立在反常的市场基础之上。

至少在11月10日发生了一次暂时的反转，信号非常清晰。但这一次我发现几乎是完全的反常。我们都知道公众通常都是错的，因为他们没有能力进行盘口分析，以判断价格下跌是否达到底部。我拜访过几个经纪商的办公室，并跟经理们交谈过。我发现他们宽广的办公室突然间又拥挤起来。更重要的是，我发现几乎每个人都想要做空。我感觉反转的时机就要到来了。当然，第二天市场开始大规模上涨。我从公众的反应中看到了对盘口分析的确认。市场存在太多的超卖信号，并且无疑他们都没有去检查其他一些因素。而我觉得这样做是有必要的。

我指出这些个人的经验只是为了指出不同的因素都在发挥作用。在此之前我讨论的大部分是来自市场总体的盘口分析，但是接下来我将要谈一些个股的例子。

第六章　清淡成交量下的拐点

挣扎的市场

挣扎的市场具有如下特点：价格上涨缓慢或者不规则，成交量小。一般来说市场都很沉闷（与纠结挣扎下跌之后的拐点正好相反）。

如果我们持有股票等待上涨——这样的行为将检验我们的耐心——同样也检验成百上千正在等待利润形成而卖出的人。没有人愿意买入任何的股票，但是同样也没有卖家愿意提供股票，因为需求并不足以吸收这些卖单。

最自然的结果会怎样呢？不管是这两个结果的哪一个，盘口分析都会告诉我们答案。买家的力量最后可能耗尽了，卖单出现了增加，因为卖家发现他们无法把自己的股票以更高的价格售出。这将可能导致一个突然的下跌趋势，而这意味着有大量的股票持续性地以低价抛出（参看下面的图2及相应的文字分析）。

第二种结果是价格没有再继续震荡，由于抛压没有增加，价格依靠自身的重力作用下跌。换句话说，市场价格上上下下，而那些短线交易者或者从中获利卖出，或者因厌烦失去耐心而卖光股票。尽管需求已经干涸了，但同时供给也非常缺乏。我们在经历一番艰难的上涨趋势之后，会有一个很沉闷的下跌回调。这种情况将会持续，直到价格跌到一个水平，能够吸引更大量的需求入场。反过来就是说此时的买单量大规模增加。沉闷的市场反映了投机力量的犹豫心理，他们在等待来自行业的确切消息。就在公众心理处于底部边缘时，专业人士只是简单地"潜伏"着，直到公众"忘记"这些专业人士的时候，他们也许就会做出一轮实际的反转。

由于你无法分辨市场到底是以很轻微的成交量在原区间震荡还是会突然发生价格反转，这样的市场你是很难把握的。后者将更可能发生。因此，交易者最明智的选择就是离场观望，或者为防止出现大量损失而对自己的持仓发出止损单。

第六章 清淡成交量下的拐点

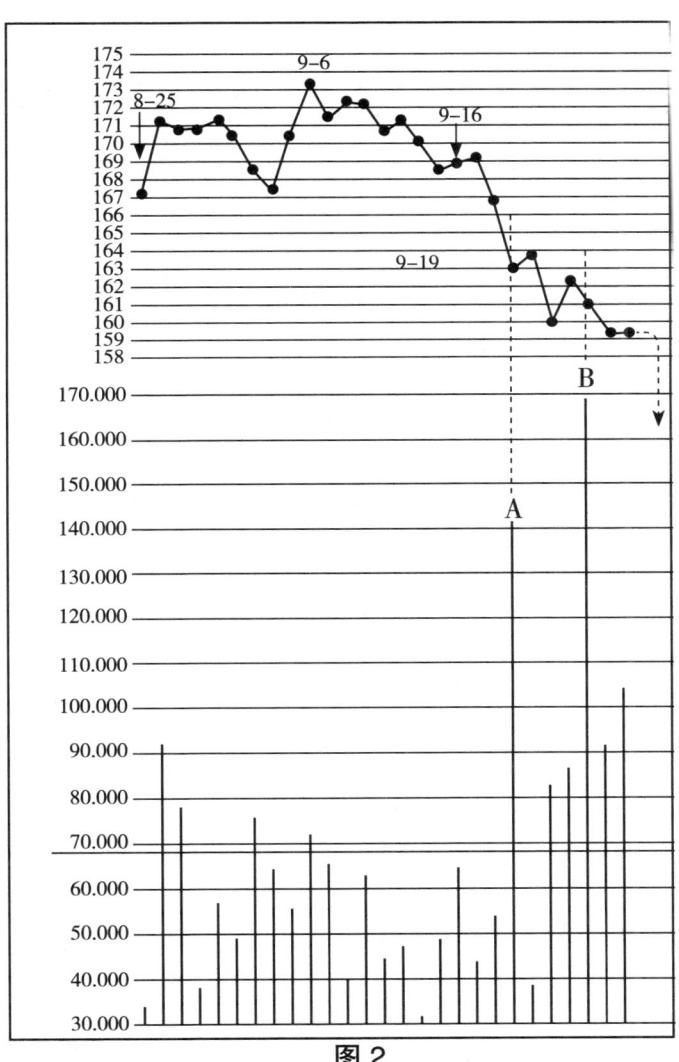

图2

盘口技术分析和操盘策略
Tape Reading And Market Tactics

疲软的顶部

1930年9月,钢铁公司的股价到达了顶部,市场很好地印证了价格在顶部徘徊之后将跟随一个成交量的上涨,随后价格下跌。

你在上面的图2中可以看到,钢铁股价格在20天内都无精打采,价格就在六个点之内波动,没有能力进一步上涨。16日和17日的表现对于盘口分析来说更加重要,比我在图表当中显示的日收盘价还要重要。不过,很难对这种情况下一个绝对的判断:不管它是上涨还是下跌。

最后,在19日(用"A"标记)成交量突然增加到14.2万股,而在这之前的三周内成交量平均萎缩到这个水平的三分之一。盘口分析的结果是清晰的:大量的股票稳定,在价格下跌当中没有出现萎缩。偶然出现的休息日被标记为沉闷。同样的"B"点也是非常重要的。因为重要的卖单再次明显地出现,就跟"A"点一样。

对宽广顶部的研究将解释这种挣扎市场的理论。你会注意到在顶部形成过程中，成交量明显萎缩（参见底部柱状图所示）。换句话说，在这个特定的例子当中，我们看到了顶部成交量的萎缩——预示着拐点的到来——而在价格回落过程中成交量的放大将对此作出确认。正如之前描述挣扎市场时所提到的那样，偶尔市场沉闷的时候通常会跟随着毫无规律的股价小幅波动，有时候是上涨，有时候是下跌。这反过来也导致了进一步的稳定过程，然后再接着形成更进一步的上涨。然而，即便是在这些例子当中，如果我们在沉闷的市场之后等待确认，我们就会发现信号。同时，交易者在对结果满意之前，他因为离场观望所承担的损失微乎其微。钢铁公司在1930年1月和3月的表现，将证明这一点。请参看第十五章，第129页到134页，以及图15和16。

第七章 其他类型的顶部行为

顶部比底部更难识别

作为反映市场整体水平或平均水平的顶部信号，并不像底部信号那样容易识别。造成这种差别的原因在于：构筑顶部时，并非所有的股票价格都同时达到最高点。因为从广义上来说，任何市场中买进比卖出的反应更慢，酝酿的时间更久。然而，在进行底部操作时，股票会随着价格的下跌获得一个冲量。普通散户因股价下跌变得尤为恐慌，从而毫无理由、毫无节制地抛售股票，最终导致股价达到一个最低点，形成底部。

在一般的市场中，我们有许多似是而非的顶部，它与严格定义上的顶部存在一定的差别。在这方面，最好的例子就是

第七章 其他类型的顶部行为

1929年秋天两到三个月的顶部活动，而与此形成鲜明对比的底部的例子则是1929年10月29日和11月23日这两个交易日。

为了观察顶部的走势，我们必须紧紧盯住自己的股票，不能依赖市场信号进行买卖。然而，当我们注意到作为一个整体的市场步调放缓的时候，那显然就是为冲向更高的顶点而作准备。那么，"在没有外界干预的情况下，需求不足以推动股市走得太远"的假设就是正确的。这样就可以集中注意力分析个股行为。交易量作为一个复杂市场的信号经常具有欺骗性，这是因为顶部可能会持续好几天，而每一天的交易量又并不那么显眼。

对于看起来清淡的市场必须仔细进行分析。正如我刚才所说，在即将到来的牛市前这一低迷行情有时候只是一个缓冲阶段，此后市场就会恢复增长（请参看第130页，以及图15和16）。但从下面的例子中大家会看到，当顶部形成时，我们并不是从交易量中获得信息。要么在顶部，激增的交易量迅速下降；要么随着一天或更长时间的成交量急促放大，量能从顶点慢慢缩减。因此，就一般而言，成交量随着价格的上涨而显著增加。

严格定义的顶点

图 3 是 1930 年 7 月份美国和国外电力（American and Foreign Power）公司股票的顶部走势情况。股票走势简洁明了，几乎不需要解释。为期三天持续上涨推动股票到达顶点，随后在 30 日急剧下降，从 77.375 美元跌至 73 美元的收盘价，同时成交量明显放大。在这个例子中大家会发现出现顶点的这一天股票最高价格仅仅比上一交易日的每股价位高出 0.25 美元，但成交量却大很多（顺便说一下，图中的曲线是根据每天的最高价绘制的）。这种情形从 1930 年 7 月 14 日一直持续到 8 月 10 日。

这是一个比较清楚的例子，向大家展示了股价如何伴随着较大的成交量冲上顶点，然后在一个出现"天量"的交易日后下跌。

第七章 其他类型的顶部行为

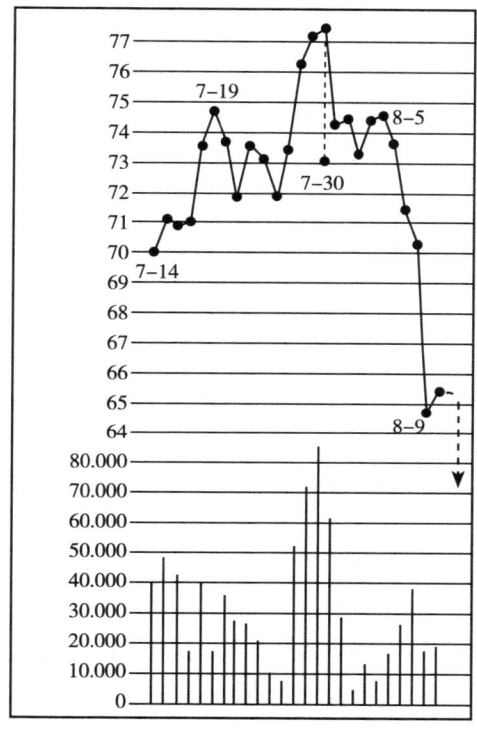

图3

广义的顶点

相比之下，通用电气公司（General Electric, GE）股票在这一年7月份的走势就没那么容易理解了（图4）。它不像美国和国外电力公司股票那样有一个明确的信号，能够比较清晰地看出哪一天会出现顶部区域。

盘口技术分析和操盘策略
Tape Reading And Market Tactics

根据一整天的走势分析,大家会发现直到30日我们才获得确切的信息,此时供给量超过需求量,顶部随即出现。

不过从这条曲线上,我们可以发现更早的信息。16日这一天,股票价格在 $69\frac{1}{8}$ 美元和 $70\frac{1}{2}$ 美元之间剧烈波动,多头势力与强势空头势力激烈对峙。这一天,总共有98000股股票在市场中得以换手,其中90000股在多空双方之间进行激烈较量。大约两点半的时候,卖方力量方才缓解,通用电气股价随即上涨,最终以71美元收盘。我们无法从图表中看出这一天激烈的多空争夺场面,图表只能显示每一天的最高价格。

多空双方的争夺战在18日又重新上演,但结果却大相径庭。开盘后最初4小时内只有28700股完成交易,但在2点到3点之间成交量竟然高达60500股。然而,此时多方力量已经精疲力竭,因而在价格方面并没有实质性的上涨。很明显,从成交量的变动中可以看出,通用电气股票的空头力量比多头更为强大。

28日股价创出新高,这一天的特点是成交量在一个很窄的范围内起伏,波动幅度为1.5个百分点。尽管通用电气前一天股价飞速上涨,成交量很少,但28日出售的份额还是相当多的。除此之外,尽管强大的需求多到足以吸收一段时间内全部的销售量,但还是很容易看出股票供给正在不断增加。并且大家可能已经注意到,每当通用电气股价上涨到73美元以上时,市场供给就会增加。在最后 1 个小时内，市场形势发生明显逆转，股价从 $74\frac{1}{8}$ 美元开始下跌，最终以 73 美元收盘。

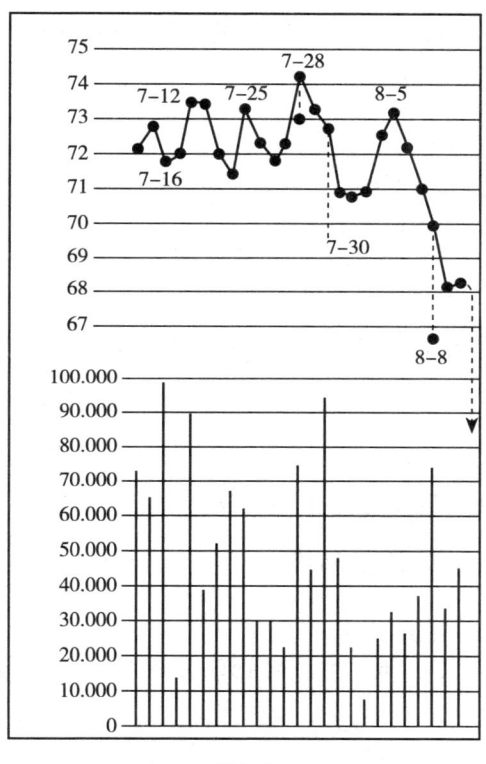

图 4

30 日，股票持有者还是坚定不移地进行抛售。毫无疑问，远远超过多头力量。这一情形一直贯穿整个交易日，每一次流动性放缓时成交量也相应变少。

盘口技术分析和操盘策略
Tape Reading And Market Tactics

1930年7月，美国制罐公司股票的顶部行为

我认为，再多举一个顶部活动的例子是有意义的。在这个案例中，我准备了一张关于美国制罐公司在1930年7月26、28、29和30日这4天内的股价走势图（参见图5）。为了更加详细地显示股票在整个交易日内的走势，我把一天按每半小时分阶段进行分析。图中最上方的竖直线表示在这段时间内最高价与最低价之间的范围。在线左边的点是开盘价，在线右边的点是收盘价。在下方比较长的竖直线是成交量指标，这里我标出了总成交量和每天的交易量。

乍一看，大家马上会注意到成交量最多的一天是30日，同时这也是价格跌幅最大的一天。股票人气和成交量都在上升，但股价却在走低。这一天共有220笔交易，几乎是股价最高的那些天的两倍，成交量也几乎翻番。这一走势从开始就比较明显，因为制罐公司的开盘价比前一天的收盘价高1.25美元，只是为了拉高股价，然后抛售股票，股票在随后不到1个小时内就下跌也证明如此。

现在我们来看看前些天的情况。当然，如果盘口行情能够

第七章 其他类型的顶部行为

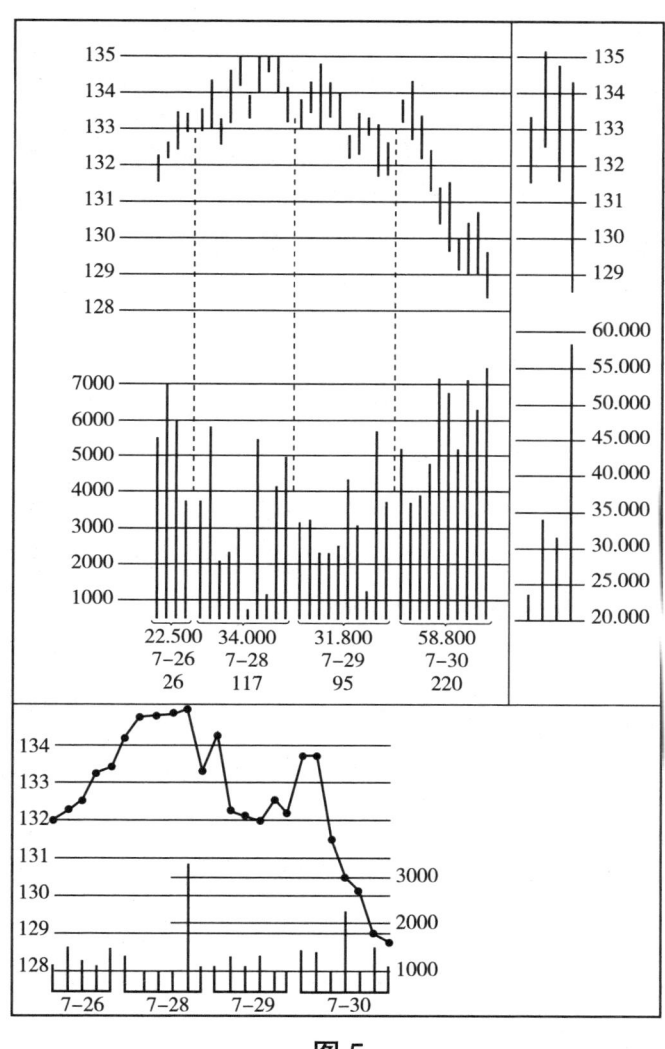

图 5

回放，并且能够注意到所有的交易，那么我们就可以更容易把注意力集中到更为重要的交易上。不过，从图表中看也同样可以看清楚。26 日星期六这一天，股票价格持续走高，成交量也

盘口技术分析和操盘策略
Tape Reading And Market Tactics

不断增加,很少受挫。然而到了星期一,市场就是另一番情形了。开盘后不久,活跃的购买行为使得制罐公司股价超过134美元,在随后的两美元涨幅内大家的反应就没那么活跃了,购买也相应减少了很多。随后它再次上攻,几乎达到了135美元,然而这一次,市场需求明显减少。经过又一次的重创后,盘口显示的购买行为已经变得非常明显了。在轮番上攻135美元这道关口之后,股价最终迈过这道坎,但这仅仅是昙花一现。不过这一行为的意义极为深远,因为从 $134\frac{1}{2}$ 美元到135美元之间的阻力实在太强大了,至少在这一天是这样的。在附表中(表A),成交量超过1000多股的交易都被单独列出,在135美元这一价位上甚至有高达3300股的交易份额。早先在略低于135美元的价格上还有其他几笔1000股的交易。

29日,制罐公司以低于前日收盘价1美元的价格开盘,这表明市场要价较为谨慎,需求较为低迷。不过,购买潜力很快被发现,股价再次被推到 $134\frac{1}{2}$ 美元以上。然而需求再次下降。尽管有信号表明成交量不断增加,但随之而来的反应却并没有那么明显,直到下午走势才有明显回升的迹象。市场中的支撑价位维持在132、$132\frac{1}{4}$ 和 $132\frac{1}{2}$ 美元,这足以预示一个更好的收盘价。

我们已经讨论了30日的股票行为,交易量信号表明空方力量极为明显。盘口行为显示制罐公司股票屡出行情,并且不止一次直截了当地暗示即时反应。

第七章 其他类型的顶部行为

美国制罐公司、通用电气和美国钢铁公司（表2）的例子表明，如果我们没能准确估计到顶部日期——显然这很困难——那么我们很快就会获得一个明确的信号，即顶点已经形成了。在市场走势中，我们能发现上涨行情中的阻力线，而这一点从一天内的粗略行为或晚间报纸报价中不易察觉。主力资金通常不会期望自己能卖在距离顶部八分之一处，而且我相信这些例证会让人们了解在顶部区域的不同行为，以及种种卖出信号。没有哪两个具体情况是完全类似的，但从整体来说，主要特征还是很突出。我相信大家会发现在本书原文第43和44页所列示的顶部三项标志，并由此可识别形成顶部的股票活动行为。

这些例子清晰地显示出集中分析市场活动的必要性，其目的在于区分没有股价变化的交易量活动（买入者和卖出者形成僵局）与有股价变化的交易量活动。

第八章 洛伊公司的盘口故事

每日解读

我想，关于1930年11月洛伊公司的详细盘口行为应当格外有用，事实证明确实如此，盘口阅读技术同样十分受用。

因为那时，这样的市场行为对我个人来说意义尤为深刻。后来我购买了这只股票，结果那是相当不爽。

1930年11月，洛伊公司并购成功，报道称在本年度结束前的8月31日每股收益达到9.65美元，这确实是振奋人心的消息。图6展示了洛伊公司股票在11月1日至12月2日之间的走势情况，大家会发现有众多投资者选购这只股票，但与此同时，市场上却出现了激烈的抛售浪潮。

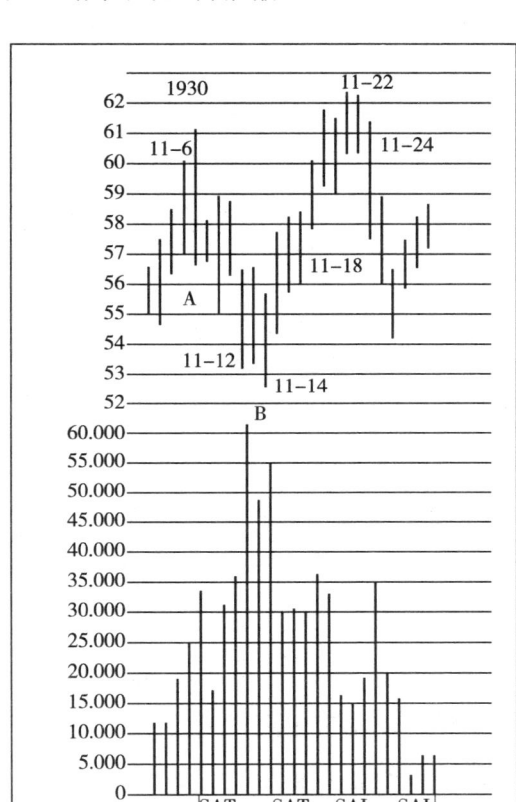

图 6

大家可以看到，在 11 月 5 日、6 日和 7 日（图 6 中的 "A" 处），洛伊公司股票的盘口行为极为喜人，如同"鹤立鸡群"。11 月 7 日，观察盘口的交易者可以发现价格下跌过程要比价格上涨过程存在更为显著的交易量放大。换句话说，空方力量大于多方力量。那些尝试捕捉次级波动的投资者将会很快出售股票。市场上存在很多抛售机会，有几次明显的股票上涨时机，但成交量并不显著。

11月12日（图中"B"处），成交量不断上升，洛伊公司以 $53\frac{1}{4}$ 美元的价格触及新低，但这个交易日也曾经一度接近 $56\frac{1}{4}$ 美元。这一天的成交量为 61300 股，与上周差不多只有这天一半的成交量形成鲜明的对比。11月13日，洛伊公司的开盘价 $56\frac{5}{8}$ 美元，但随后全天高开低走，达到 $53\frac{3}{8}$ 美元的低点。11月14日，洛伊公司的开盘价为 $54\frac{1}{4}$ 美元，全天最高价为 $55\frac{3}{4}$ 美元，最后在惯常的流动性压力下下跌至 $52\frac{5}{8}$ 美元。

在这点上，我可以跟大家分享更多类似的案例。但大家应该都会想知道为什么股票会下跌得这么猛。从"绝对可靠的内线"那里，我听到了三条相关的消息。在这里我们当作案例来和大家分析。这些市场消息也表明，当投资者从市场上听到类似于某只股票已经超越历史高点的言论时，完全可以视而不见。我个人对这三条消息都十分感兴趣，但为了证明我不是在这里胡言乱语，就让我们一起盯紧盘口，看看市场的真实反应吧。

第一则消息，有人曾经告诉我洛伊公司的收益报告并不真实；第二则消息，操盘手舒伯特（Shuberts）正在大量出售该股票；而第三则消息则与 FOX 公司的资金冻结相关，他们被迫将持有的洛伊公司股票变现。如果你也正处于相似的困境，那么你将会毫无疑问地受到这些消息的影响。然而，我发现这些消息出现时，股票已经下跌了 6% ~ 8%（这与当时大市反弹的趋势相反），并且在看到盘口处的股票行为时，我们几乎就已经确认最糟糕的情况已经出现了。因为当价格下降至 $52\frac{5}{8}$ 美元时，不断膨胀的交易量就已经表明买方力量逐渐超越卖方而占据优势。股票价格下降，价格下跌幅度较前一日减少了 0.75 美元，但成交量是数星期内的最大值。我相信，这是一个特别好的例子，正是因为量增价平，即"拥有很大的成交量，但价格并没有大变化"才让市场出现转机。这一点也在当日的后续时间得以确认，当日收盘价为 $55\frac{1}{4}$ 美元，相对于上一交易日的收盘价每股收益 1.25 美元。此外，在这一轮反弹中，这一天的收盘价相对于最低点回升了 2.625 美元。

面对这样的情形，我的建议是如果大盘已经开始反弹，而自己的股票还处于低迷期，那么就应该是暂时现象，不久就能恢复升势。我丝毫不怀疑这些信息会存在偏颇，但有一点可以确认：传播这些信息的幕后人肯定别有所图。嗅觉灵敏的投资者会根据交易量的变化行为，选择在 11 月 14 日购买洛伊公司股票。

或许我们可以追踪报道一下这只股票的后续走势，以便更深入地确认 11 月 14 日的市场行为。那么就让我们来了解一下 11 月 15 日（星期六）的市场走势。

11月15日星期六，洛伊公司股票走势

今天，洛伊公司的开盘价为 $55\frac{1}{2}$ 美元，在开盘后的 40 分钟里，市场相当冷清，成交量微乎其微，直到 40 分钟之后才有一手大单以 $54\frac{3}{4}$ 美元的价格换手，成交量为 2300 股。紧接着，另一笔 100 股的交易以 $54\frac{7}{8}$ 美元成交，接下来就是一些散户交易以 $54\frac{3}{4}$ 美元成交。由于成交量不断提升，卖单最终站上 55 美元的价位。

DDLW		X	LW		CW	AE	LW
93 $55\frac{1}{2}.3.\frac{3}{4}.7S\frac{7}{8}.56$	$5.47\frac{1}{4}$	$3.56\frac{1}{4}.3.\frac{3}{8}$	$9\frac{7}{8}$	$19\frac{3}{4}$	$56\frac{3}{8}.10.\frac{3}{4}$

图 7

随后不久，洛伊公司的盘口成交量不断提升，正如图 7 所示，有 100 股以 $55\frac{1}{2}$ 美元的价格成交；300 股以 $55\frac{3}{4}$ 美元的价格成交，在 $55\frac{7}{8}$ 美元的价位上成交量为 700 股，随后有 100 股以 56 美元的价格成交。紧接着，有 300 多股以 $56\frac{1}{4}$ 美元的价格成交。另外又有 300 股洛伊公司股票以 $56\frac{3}{8}$ 美元的价格成交。而另一笔交易几乎同时以 $56\frac{5}{8}$ 美元成交，此外另有 1000 股洛伊公司股票的成交价达到 $56\frac{3}{4}$ 美元。

这些交易所体现的重要性在于，他们都是在之前的那笔成交价为 $54\frac{3}{4}$ 美元 2300 股的大单之后引发的。而且我们可以看到量价同升。

此外，盘口上还显示了另外两串交易记录，如图 8 所示，其中之一从 $56\frac{7}{8}$ 美元开始，并逐渐上扬至 $57\frac{1}{4}$ 美元，成交量为 700 股；另一串则上涨至 $57\frac{5}{8}$ 美元，成交量为 1000 股。

不过，后来洛伊公司就安静下来了，成交量也开始衰退，间歇出现 100 股或 200 股左右的交易，成交价格维持在 $57\frac{5}{8}$ 美元至 $56\frac{1}{2}$ 美元之间。

然而，很快就有 1000 股的洛伊公司股票以 57 美元的成交价换手，并且紧随其后的是 100 股成交价为 $57\frac{1}{8}$ 美元的交易，接下来的交易分别是：以 $57\frac{1}{4}$ 美元成交 100 股、$57\frac{3}{8}$ 美元成交 400 股、$57\frac{5}{8}$ 美元成交 500 股以及以 $57\frac{3}{4}$ 美元成交 600 股（顺便说一下，这样的市场行为通常出现在重要的市场信息流传之后，导致卖价节节攀升到一定限度时的情形）。

$$\overbrace{\begin{matrix} \text{WX} & \text{LW} & & \text{BI} & \text{SCH} \\ 103\frac{1}{4} & 56\frac{7}{8} . 57.5 s \frac{1}{4} & 75\frac{3}{8} & 27 \end{matrix}} \quad \overbrace{\begin{matrix} \text{LW} & & \text{U} & \text{X} \\ 3.57\frac{3}{8} .4.\frac{1}{2} .3.\frac{5}{8} & 19\frac{1}{2} & 3.47\frac{1}{8} \end{matrix}}$$

图 8

接下来，股票又遭遇了一轮轻微的下跌，成交量较小，价格下跌至 $56\frac{3}{4}$ 美元。在星期六收盘前，差不多是在 11：45 左右，成交量略有放大。紧接着出现了一批密集的交易，成交量相当乐观。以交易量 400 股成交价 $57\frac{1}{2}$ 美元开始，至以 $57\frac{5}{8}$ 美元成交 2100 股结束。这一天的收盘价为 $57\frac{1}{4}$ 美元，在短短两小时内成交量达到惊人的 29700 股。由此可见，成交量正在不断放大。

在差不多 12 点的时候，道琼斯股票行情自动收录器报道说："洛伊公司股票的强势反弹，部分是由于大量的投机资金流向该股票，加速了市场流动性"。这又说明了市场消息公布得总是太晚，对做市场决策并没有多大帮助。

上午与洛伊公司有关的比较有用的信号就是：当股票积极上攻的时候，市场交易缺乏热度（并没有大量的股票出售）。

洛伊公司在这个特别的交易日有这样的市场行为正是对盘口阅读原理的最佳诠释。洛伊公司之所以出现上述市场行为，正是为了以后更好地反弹。成交量放大，股价上升；成交量收缩，股价回落。换句话说，如果成交量见底，那么很可能是为了下一轮更为强势的反弹埋下伏笔。

11月17日星期一，洛伊公司股票的市场行为

为了更好地描述洛伊公司的市场行为，我们继续关注11月17日星期一的市场动向及其每一笔成交记录。对此列图说明（包含成交量），详见图9。在这一天里，大家会发现日内成交量随着价格的上涨不断放大，并且有一笔1000股的大单以$56\frac{5}{8}$美元的价格成交。或许大家还记得，洛伊公司股票曾在上星期六站上$57\frac{1}{4}$美元的高位。在周一的时候，洛伊公司的开盘价为57美元，而且前三笔交易都只有100股的交易量，股票价格触及$55\frac{3}{4}$美元的价位。然而，市场以迅雷不及掩耳之势迅速拉出一波反弹，成交量也顺势放大。但在57美元与$58\frac{1}{4}$美元之间，洛伊公司股票遭遇了强大的卖空力量。由于交易量不断放大，带动一轮强势反弹。但随着空方力量的累积，股票出现暂时回落，并且在58美元价位上存在更大的交易量。这也预示了股票将面临短暂的回调（有成交量，但价格不会出现突破）。

大家可能会发现，这种情形出现之后，股价再度回落到$57\frac{1}{8}$美元。与此同时，成交量明显缩减。当洛伊公司再度站上$58\frac{1}{4}$美元价位时，市场出现了更多的大卖单，随后股票再度反弹，第三次冲击$58\frac{1}{4}$美元的高位。因而，我们有充分的理

由相信，在58美元至$58\frac{1}{4}$美元之间，洛伊公司面临相当大的阻力，并且在第三次冲击$58\frac{1}{4}$美元高位之后，股票就在低位运行了。市场突然出现以$56\frac{5}{8}$美元成交1000股的大单，或许是因为某个投资者在58美元的高位出售股票之后对其进行补仓，也有可能就是普通的认购股票，我对此并没有更高明的解释。

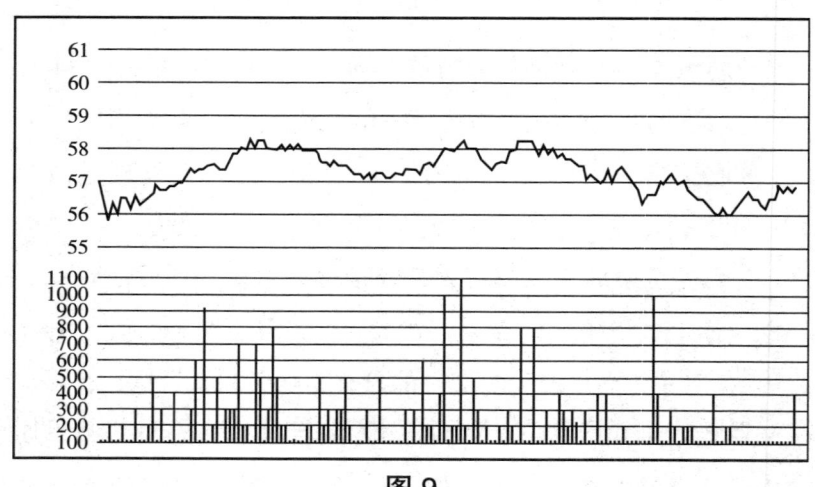

图9

在上述这个特别的交易日里，股票攀升过程中的成交量要比股票下跌过程中的成交量更高。很显然，市场需要足够的耐心以便洛伊公司突破58美元一线的阻力位。

周一的市场行为如图9所示，预示着还有后续上涨行情。由于在58美元价格水平上很多股票被市场所吸收，并且只要交易量没有在反弹中回升，那么采用盘口交易技术的投资者就很自然会预期股市将在随后轻而易举突破阻力位，因为那时急于抛出的股票就更少了。

11月18日星期二,洛伊公司股票的市场行为

我并没有打算仔细解读11月18日的股票走势,但这一天的市场行为具有决定性意义。股票在上涨行情中又一次十分活跃,并以58美元的价格结束一天的行情。相对于上一交易日收盘价,这一天股价上涨1.125美元。

洛伊公司突破阻力

为了让大家看得更加明了,接下来我简要回顾一下后来几天的行情。11月19日、20日这两天,股票成交量明显放大。至11月21日,市场中一般个股的成交量也逐渐放大。洛伊公司股票同样收复失地,重新站上了61美元~63美元的价格水平。从图6中,大家可以发现成交量已经缩减。我个人认为,洛伊公司从当时的$52\frac{5}{8}$美元上升至$62\frac{3}{8}$美元仅仅用了8个交易日,洛伊公司股票已经相当给力了。幸运的是,我碰巧选择了在周

六出售股票，这一天是 11 月 22 日。简单来说，就是我依据盘口交易行为，发现所有尝试上涨的动力都显得"有点拮据"了。从 11 月 24 日的股票走势可以看出，交易量在下行趋势中略有回升，这就表明此前的交易缺乏足够的主动需求。

第九章　钢铁板块：市场领头羊

关注钢铁

市场上盛传这样一段话："钢铁股票的涨跌决定了市场的发展趋势。"对此，我们没有任何疑问。在美国，像美国制罐公司、通用电气、西屋公司（Westinghouse）、美国电话公司（American Telephone）以及其他一些股票，都可以被视为市场的领头羊。他们统统都是龙头。但当所有其他股票失去了领先地位之后，钢铁股仍然是毫无疑问的市场领袖。在我看来，1930年10月，当市场持续出现资金出逃的时候，这一现象得到了最精确的体现。很多天，美国制罐公司股票未能突破，像一块石头一样不动。然而，钢铁股却引领大盘止跌回升，或者至少可以说是与大盘同步。而且我相信，如果钢铁股能够抵抗住

盘口技术分析和操盘策略
Tape Reading And Market Tactics

下跌压力，那么市场同样能够止跌回升。

顺便说一句，当你听到有关美国钢铁公司、美国制罐公司股票以及其他权重股支持大盘时，你可能被告知："这些权重股将会支撑市场反弹。"那么，拿出你的铅笔，加总他们的成交量，并计算出他们需要多少资金才能支撑市场。同样地，当你听说钢铁股将会上涨十个百分点的传言时，你也可以用这样的方法来判断可信与否。当然，我并不是暗示钢铁股不会支撑市场，或者认定强烈的市场关注也不会推动钢铁股上涨。事实上，钢铁股也存在技术层面上反弹或支撑。华尔街尚且没有足够的能量来抵抗大规模的市场资金出逃。这一点在1929年10月得到了很好的印证。而且，当人们意识到将会有成千上万的钢铁股急于出售的时候，就会明白不可能有足够的资金让钢铁股上涨十个百分点。在经纪公司的办公室里面，你总是能够听到夸夸其谈的言论，他们都是能说会道擅长编故事的好手。别听他们胡扯了，如果他们果真对所做的事了如指掌，那他们就不会坐在那里瞎掰了。

言归正传，让我们再来仔细研究一下美国钢铁公司的走势。与此同时，留意你对自己持有股票的操作方式。如果你的选择没错的话，那么你的股票将很有可能与市场同步，它可能会追随市场走势，或者领先于市场变化。但总的来说，它不应该违背市场趋势。（如果投资者所选股票确实与市场趋势相违背，那我建议立即检查调整持仓头寸。这是因为当一般的股票并没有追随龙头板块走势时,那么这些股票很可能在钢铁股强劲势头的掩盖下被大量抛售。)钢铁股向来表现活跃,其每日成交量都以千股计,因而钢铁股是特别有用的方向指标。此外,钢铁股的波幅较小,通常变化幅度只有八分之一点。

如果你持有一支不活跃的股票(并不适合于短线交易),而且相当长一段时间都没有一笔成交,相比之下,钢铁股却已经下跌了2%~3%,那么你就应该考虑换股票了。(从你的场内交易者那里获知买卖询价)。毕竟这会使你自己在市场上占据主动权。不然的话一旦出现成交,成交价可能会非常低,让你叫苦连天。当然,如果钢铁股持续不断上涨,而你又持有多头头寸,那么你就没必要觉得不安,很快会轮到你的股票的。

如果你打算时刻关注盘口交易情况,那么在开盘之后,马上关注钢铁股的挂单将会是很好的习惯。因为这样,你就可以察觉到是否有人在吸纳钢铁股票,或者是否有人以市场报价抛售。我来解释一下:假定美国钢铁公司股票在 10:05 的时候买卖价分别为 $149\frac{1}{4}$ 美元和 $149\frac{1}{2}$ 美元。如果你发现有 3000 手钢铁股很快以 $149\frac{1}{4}$ 美元的价格出售,那么你就会很快发现有人以买价卖出,这就表明这一批美国钢铁公司的卖方比买方更为急切。另一方面,如果成交价格为 $149\frac{3}{4}$ 美元,那么你就应该知道有人愿意出比卖价更高的价格购买股票,说明多头更为强势。

盘口技术分析和操盘策略
Tape Reading And Market Tactics

当心失足

通常，投资者可能会看到买单一次性吞掉挡在前面的卖单，而且又有一些更小的交易量以相对较高的价格跟随其后。那么，请仔细盯盘，这有可能是故意拉高价格、预备高位抛售的前兆。很自然，抛售者都希望尽可能以更高的价格出售股票，并且尽可能调整交易策略以期实现最好的交易。反之亦然，投资者也会看到有些买家通过不停换手，期望以更低的价格大量购买美国钢铁公司股票。如果有买方想要囤积更多的美国钢铁公司股票，他将会努力虚张声势，试图营造出市场上有充足的股票亟待出售，然后以更低的价格收购股票。当然，这种策略在任何其他的股票中都会用到。

如果投资者不习惯持续紧盯盘口交易，那么你可以打电话到经纪公司打听一下钢铁股的市场走势，然后用几分钟的时间盯盘确认。

在这里，我用"标价（offered）"代替了"买卖价（bid and asked）"中的卖价（asked），因为对我来说，"标价"出售表明股票"希望被出售"，而并不是指别人将会按你的买价售出股票。换句话说，整个问题的关键在于解决供给需求条件——或者说是标价和需求条件。分析买卖挂单的数量，将有助于投资者对供给和需求关系的了解。

显然，投资者可以用同样的方式检查自己持有的股票。我已经详细介绍了美国钢铁公司股票的相关内容，因为美国钢铁公司股票作为权重股能够向投资者展示市场的整体概况。当然，我也在想，投资者可能会广泛搜索信息，试图寻找是否有任何突发事件出现，或者直接询问经纪人在自己外出之际是否有意料之外的事情发生。

顺便提一句，美国钢铁公司股票凭借自身活跃的市场优势，很可能就是市场上最招人青睐的交易品种。

1930年8月美国钢铁公司股票走势

图10和图11分别展示了8月12日和8月13日美国钢铁公司股票的每笔成交记录。1930年8月，市场正运行在底部。

7月28日，美国钢铁公司股票标价170美元，随后14个交易日股价连续下跌。12日和13日重大市场行为都已在图版中标

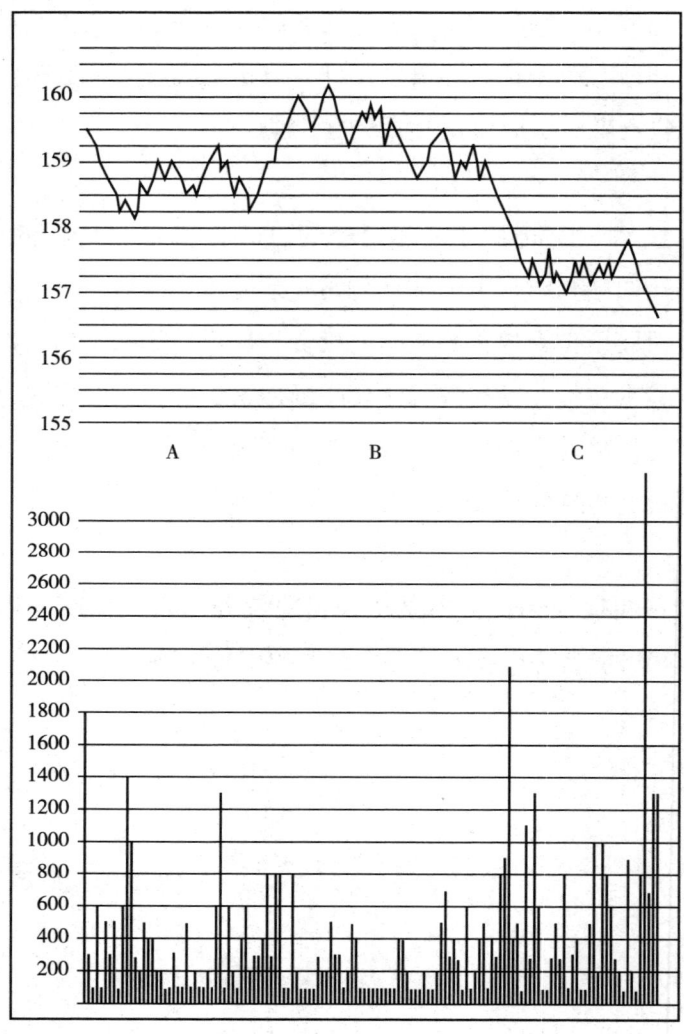

图 10

出，由"A"到"I"。在"A"处，大家可以发现价格缓慢上升，但交易量却明显下降。在"B"处，市场热情在价格高点明显被榨干了，这差不多维持了几个小时。临近收盘时，市场

第九章　钢铁板块：市场领头羊

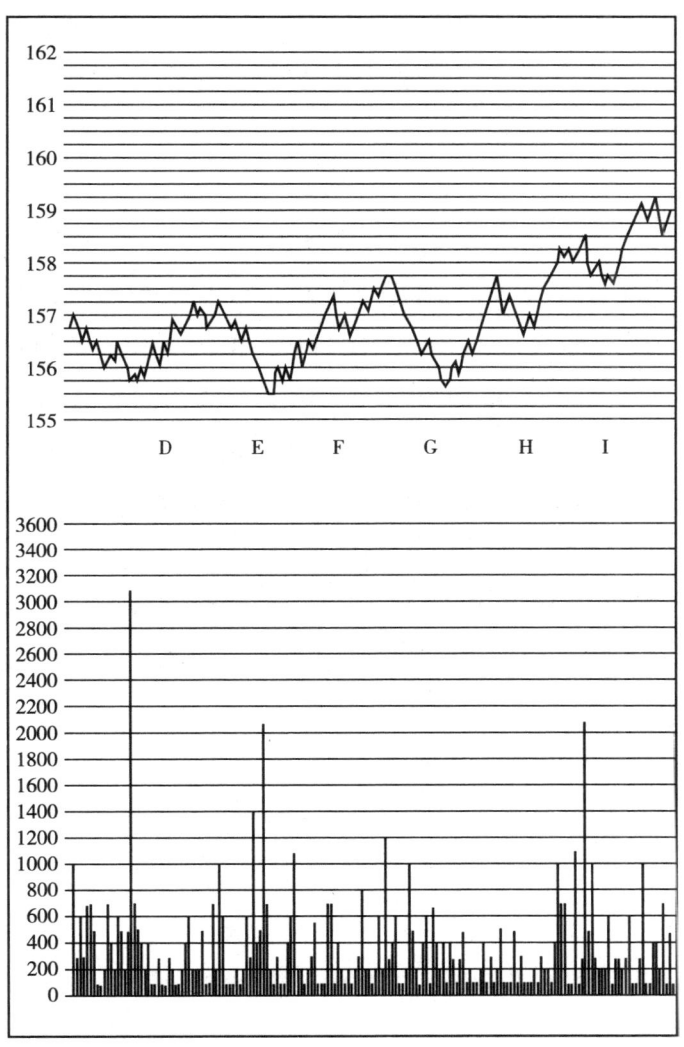

图 11

迎来另一波行情，成交量顺势放大。然而，在 157 美元和 $157\frac{1}{2}$ 美元之间，该股票到了强劲的阻力，相应的股票数量为 2100 手的大单。在临近收盘时，市场明显放量（图中的"C"处）

盘口技术分析和操盘策略
Tape Reading And Market Tactics

有那么几分钟，美国钢铁公司股票似乎突破了阻力线，预备蓄势上攻，但遗憾的是，价格走势再度调头向下，并在收盘前爆出 2700 手的成交大单。

第二天上午，钢铁股正常开盘，并且缓慢下滑。随后，一份 3100 手的成交大单暂时中止了股票下跌趋势。在"D"处，市场又出现了新一轮上涨行情，但成交量依然低迷。直到"E"点处，市场抛售时，才明显提高，因为有证据表明"E"处是另一个可靠的买点。结果表明，"E"处确实扭转了市场趋势。在上升行情中，相应放大的成交量表明了市场投资热情，如"F"处所示。尽管钢铁股价仅仅触及 $157\frac{3}{4}$ 美元便有所调整，但低点"G"和"H"成交量的收缩则表明了市场看好的信心。"I"处的走势证实了触底反弹行情的形成，股票价格平稳上涨。

从图 11 中我们可以看出，真正的支撑来自于 13 日的上午。"E"点处的抛售十分关键，可靠地检测出市场压力下多头的真正实力。当"G"和"H"点的交易量萎缩之际，交易者或许就已经逐渐下单买进了。当然，整个市场在此期间的表现基本一致，市场处于超卖状态，但已经没有了五月和六月期间的那种轰动性的抛售风潮，之前几个交易日资金出逃也不多，只有很少一部分公众在卖出，因为在这之前太多的人早已经抛光了手中的股票，或者说是被迫出局了。

第九章 钢铁板块：市场领头羊

为本书中的例子说两句

我发现很多读者在看到文中的实盘案例时，可能会作出类似这样的反应："事后诸葛亮并没有多少意义啊，我们想要知道的是，当市场行为发生时，接下来该如何操作？"大家有这样的反应十分正常，当所有的论述都解释清楚之后，我相信读者就会明了，理论最终会付诸实践的。对于那些不能时刻盯住盘口交易但十分关注实际预测的投资者，我将会提供一些建议。

我承认，只有通过实际操作我们才能真正"体会"到重要市场行为发生时所发出的信号。但是我不明白，为什么会有很多人期望在证券市场上找到一个万能的"套路"（System）；毫无疑问，提高在市场中获利的可能性靠的是学员为研究市场所付出的努力。如果真有"套路"存在，那么就会有成百上千的人已经发现这个秘诀，然后，因为太多的人使用它，这个套路就不再管用了。

分析供给和需求，才是你的操作指南。投资者可以分析判明哪一方更加强势，从而相应获取交易收益。但别指望每次都会准确无误。判断错误时要做到及时止损，判断正确时要努力扩大收益。通过这样的方法，投资者不需要太多次获利就可以弥补很多次的亏损。投资者可能会很自然地意识到 10% ~ 20% 的收益率可以抵消掉很多次两个点的损失。

不能过度交易，保证金比率绝不能高于 50%。

第十章 不要轻信内幕消息

审查自己的内幕消息

正如我们所知,依赖"关联交易(Contact)"和内幕消息所作的交易通常蕴含着最大的风险。有的时候,我们会盲目相信别人的言论。为什么面对这些传言时我们总是不够理智,盲目听从呢?我坚决反对这样的羊群心理,但是我们可以通过观察盘口交易情况,来核实这些信息。

接下来,我和大家分享一段对我影响颇深的真实经历。我已经绘制成表(图12、13和14),以便更好地解释顶部运动情形。

盘口技术分析和操盘策略
Tape Reading And Market Tactics

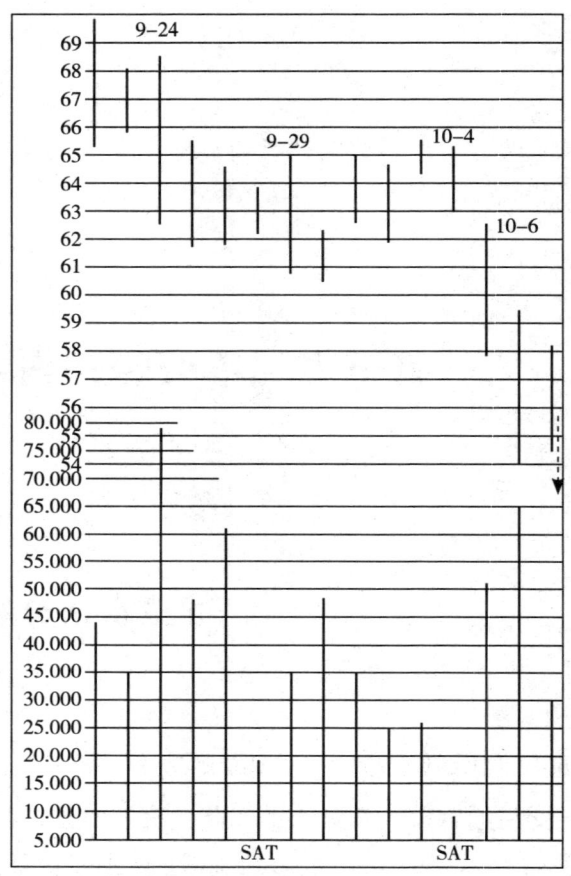

图 12

在 1930 年 9 月下旬我的一位老相识从正规机构获取到一则内部消息，称有人将以每股 63 美元左右的价格重仓收购电能与照明公司（Electric Power and Light）股票。恕我不能透露更多细节，但是请大家相信我说的话是真的，传言中讲大量购买股票的人是个大人物。我们一同来看看图 12 所示的日线图。在成交量萎缩的连续几个交易日里，确实出现了吸纳股票的迹象，没人能在当时否认传言的正确性。但是别着急，盘口说了算，随后的供给量将如海水般涌向市场。成交量的变化发出了卖出信号，而且卖得越快越好。你已经从图中看到了，即便我还没来得及说那些后话，电能与照明公司的股票也很快跳水了。随后，我的那位老相识接到通知说，如此海量规模的抛售已经使得多头难以招架。正因如此，那位原本打算巨量进仓的幕后人只好作罢。这让我们记住一点，在研读未来市场走势的时候，千万不要低估公众的力量。

电能与照明公司股票的市场行为

我相信，大家或许会对电能与照明公司的市场行为感兴趣，因为它证明了我之前所阐述的定理完全成立。在这里，我们只讨论 9 月 29 日到 10 月 6 日这一周的市场行为。

9 月 29 日星期一，市场上出现了数目可观的卖单，价位处于 $60\frac{3}{4}$ 美元与 63 美元之间（图 13 展示了电能与照明公司股票的 30 分钟价格走势图）。尽管价格下跌明显，但是依稀可以察觉多头的支撑力量，特别是尾盘吸收卖单的力量尤为显著，全天收盘价为 $61\frac{1}{4}$ 美元。

盘口技术分析和操盘策略
Tape Reading And Market Tactics

9月30日星期二，与前一个交易日相比，成交量明显上升，并且有许多大单换手。大家可以从图13中发现，与29日相比，尽管股票价格依然处于低位，但似有企稳回升之意。面对海量抛售，如此坚实的购买力量似乎表明市场快要改变方向了。这一点在第二天就很快得到了印证。由于价格变动幅度过窄，只作单日的考量确实不太容易。尽管如此，这一天最大的特点在于：在整个活跃的交易日中，股票并没有呈现出明确的走势方向。其中，唯一低于上一交易日的低点处（A点）很快得到了强势支撑。

10月1日星期三，该股票跳空高升，高于周二收盘价1.5美元。很明显，卖出指令都在此刻选择了静观其变，暂缓执行。周三如此喜人的亮丽开盘，让那些嗅觉灵敏的人隐约感到一轮稳定的上涨行情即将到来。从图中可以看出，周三保持了良好的涨势并出现新高。

10月2日星期四，市场行为让人惊恐不安。价格轻而易举地下滑，全天成交量仅有25100股。由于该日的长下影线，即收盘价明显高于全天最低点，因而我们有理由相信下一个交易日会有较好的行情。然而，有一点比较明显，那就是每当股价触及65美元时，总会有较大卖单出现。

周五上午的开盘情况表明市场上存在大量出价单。第一笔交易指令是涉及3700股、价值239575美元的大单。很快，又

第十章　不要轻信内幕消息

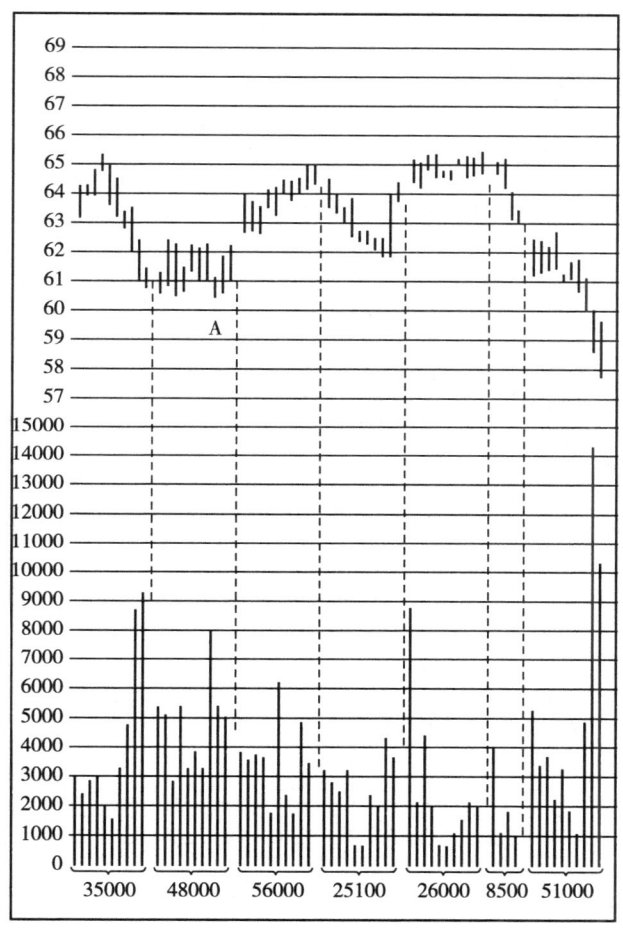

图 13

有一笔 2200 股的大单以 65 美元出售。随后紧跟数量可观的指令以相仿的价格抛售。该日的特点就在于每当价格触及 65 美元，就会有股票抛售出现。在较低价位也会出现一些相似顶部的行为，但交易量明显较低。就周五全天来看，股票微幅上涨，但量能明显较小，除非冲刺或穿越支撑线时才会稍有放量。我相

89

盘口技术分析和操盘策略
Tape Reading And Market Tactics

信这样的市场行为对交易者来说都有警示作用,他们至少都会在 64 美元左右设置止损指令,或者全盘卖出,或者静观其变,待局势更加明朗。

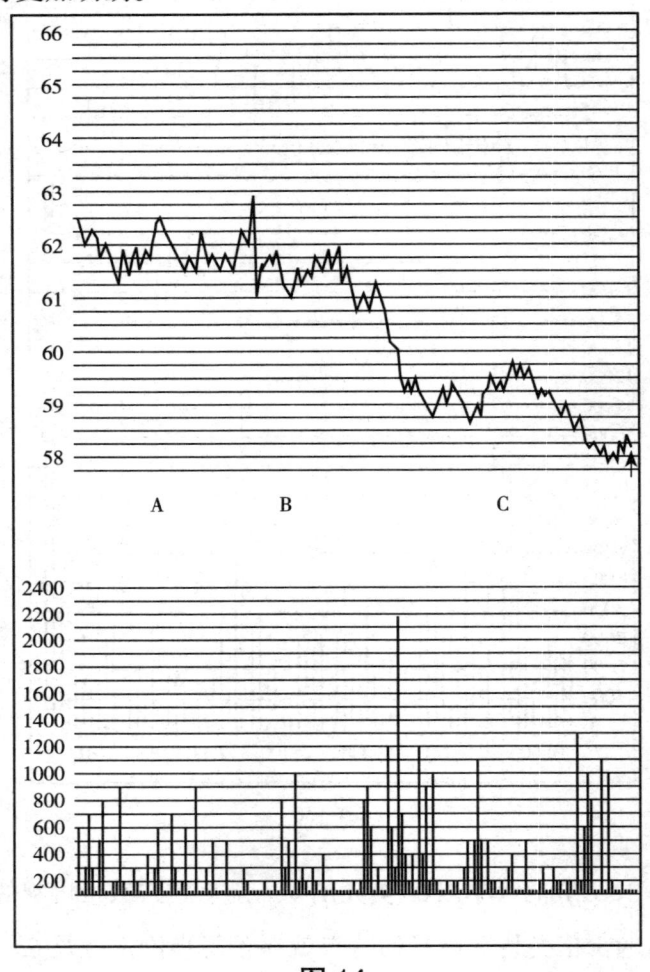

图 14

10 月 4 日星期六,我们察觉到了一些迹象。很快,就有一笔 3100 股的大单以 65 美元的价格成交。随后,股票就震荡下行，于上午收盘时报收 $63\frac{1}{2}$ 美元。当然，其间也偶尔出现反弹，但无论何时出现反弹，成交量就会瞬间萎缩。

周一股市表现可谓惨不忍睹，读者可以从图 14 中了解当时每笔成交的价格及成交量。买单明显势单力薄，开盘价比上一交易日的最低价还要低 0.5 美元，集合竞价成交量仅仅只有 600 股。开盘前两个小时（"A"处），尽管没有特大卖单成交，但空头力量依然占明显上风。轻微反弹太过牵强，连续下跌却势如破竹。午间 12：00 至 1：30（"B"处），市场正处于暴风雨来临前的平静阶段。1：30 之后，价格走势出现破位。短短 1 小时的成交量与此前 4 小时的成交量相当。股市下跌没有任何终止的迹象，但成交量却几近干涸。在此期间，伴随成交大单的出现，股票价格连续下滑。

我们来进行盘口确认

在这一组盘口解读中，我们确认了成交量信号的转折点，定义了阻力点，并进行了透彻的阶段性分析。其中尤为重要的是，我们强调了摒弃主观判断，坚定追随市场主力顺势而为的必要性和重要性。

盘口技术分析和操盘策略
Tape Reading And Market Tactics

如果我们在市场顶部购买了电能与照明公司股票,则当遭遇10月6日尾盘的抛售浪潮时,我们必然会说:"赶紧出逃。"如果我们没有提前意识到种种迹象,而是在每一次看似反弹的时候买入该股,那么麻烦就大了。

顺便说一句,单从图12看来,当电能与照明公司以特大的成交量突破瓶颈区域时,那就是强烈的卖出信号,投资者可以放心看空市场。然而,在本案例中,盘口上出现了很多独立的信号,但在当天的变化幅度之内都是不可识别的。同样,我们可识别的信号早已在盘口上显示出来了。

第十一章 一些对成交量的重要观察

成交量的变化

当说到"巨量成交"（Volume-sales）时我自己也想弄明白我是否真搞清楚了。有时我强调5000股成交的重要性，有时又老是强调1000股成交的重要性。成交规模的重要性取决于总的成交活跃度。换句话说，股票在有些日子里交易要比其他日子活跃，今天的"巨量成交"可能要比昨天多得多。尽管如此，我不认为这将给你造成困惑，因为你将很快意识到成交量差异（Varying Sizes of Blocks）的相对重要性。

记住，5000股的成交是完整打印出来的，这将比3000股或4000股的成交吸引更多的注意力。因为3000股或4000股的成交打印出来是简化的 30.150 或 40.82$\frac{1}{2}$ 的形式，具体视情况而定。我们会把注意力集中在完整打印的数字上（即巨量成交），当然，你也会注意看较小的成交量。你很快会发现你将更加重视 5000 股以上的成交，不管这样的成交是在其他几个重要的成交量后出现，还是在长期的沉闷和不活跃后出现。同样记住，专家们知道 5000 股以上的成交吸引了多少注意力。他们会利用这些，为粗心大意的人准备好陷阱。

市场整体的成交量会在一天的如下几个时间显示：上午10∶30时、12∶10时以及下午1∶30时、2∶10时。你可以从这些成交量数字中判断你的股票与前几天相比成交是否正常。你也可以跟踪市场，观察一下市场在下降趋势中成交变得更加活跃了还是不活跃了，或者是市场表现出其他特征。

转折点随着时间和成交量而变化，因此也不能设定框框。通常，转折点意味着派发或批量吸筹。我所指的是主要趋势的转折点，或者说大循环的转折点，毫无疑问在高位代表着派发。在派发的转折点位上，交易持续的时间和成交量的大小取决于需要派发的股票数量，而这只有通过对前期细致而深入的研究才能判断。很明显，某个数量级的成交量对股本较小的股票而言非常重要，但对于股本较大的股票却可以忽略不计：例如对于拥有 185000 股流通股的褐色汽车（Auburn Auto）和拥有 43000000 股的通用汽车（General Motors）来说，5000股的成交量的重要性和影响天差地别。

另一个因素出现了：参与交易的人数。成千上万的交易者在遭遇严重打击后逃离了市场，其他人变得心灰意冷只是偶尔交易，一个数量庞大的群体成了无意识的投资者。此后，活跃交易者的数量逐渐增加，从我们办公室的人员进出数量中，通过我们阅读的各类信息、统计数据以及日均交易量的增加中就能感觉出来。

在熊市的末期，我们会听到庄家无法吸引公众跟风买入的信息。那些重要的庄家们对利润的胃口很大，他们在吸货阶段不愿吸引活跃的公众跟风买入，但在股价很高的时候他们当然乐意公众更多地买入他们控盘的股票。

重要的，或"好的"买入和卖出

你会经常读到或听到："今天的盘口明显为好的买入。"我认为这句话有时候被财经分析师们用得太滥了，因为这可能是从盘口分析中得到的最为困惑的正确结论。对"好的买入"进行定义是必需的。我认为，"好的买入"是基于重大背景利益的买入——也许是机构投资者的买入，也许是一些银行集团的买入。

当然,吸筹也应该被称为好的买入或重要的买入,吸筹所持有的筹码应该会持有很长一段时间。与"好的买入"相反的便是基于短期利益的买入,这种买入可能仅是为了回补前期的卖空。同样,投机者仅仅想赚一两个点的投机性买入也不能称为"好的买入"。

宽泛地讲,"好的买入"所吸收的股票不会在市场反弹的第一阶段被抛售。当然,有时候作为某只股票保荐人的银行会用买入指令来支持股价,当市场反弹时,这家银行集团会想卖出一部分或全部的股份;但是,既然已经支撑了股价,他们就不会在第二天卖掉,正如他们不会毁掉自己一手搭台的好戏一样。

另一方面,"重要的卖出"形成了重要账户的流动性。这与保证金卖空的形式不同,保证金卖空是来自冒险的交易账户和对市场下跌的恐惧。

盘口的信号能告诉盘口技术分析者买入和卖出是否同样"重要",而这很难判定。判定的关键时机是看接下来出现一个显著的下跌还是一个强劲的反弹。只用成交量判定并不总是可靠,我们还要看价格反应。卖空回补和投机买入,接着是一次下跌,这将比投资性买入导致更快的价格反应。反弹可能是由支撑性买入、投资性买入、卖空回补等造成的,也可能是以上三者共同造成的。转折点的反应我们前面已经阐述过了。在转折点后，价格变动的特征和程度将告诉我们背后的故事。一次非常快速的反弹代表了卖空回补，或很快就会出手的买入。与宽幅的价格波动和价格急升不同，股价伴随着稳定的成交量逐步上升代表着质量更好的买入。

在初始反弹过后，观察第二波下跌，如果确实发生了，注意观察价格变动的特征和成交量。在股价出现更大上涨前的盘整阶段，你将可能时不时地看到重要的买单。总的来说，特征还是很明显的，除了那些明显的例子：在连续卖单抛压下出现的反弹，当然你知道这更多的是卖空回补，股价撑不了多久。不要在突然反弹阶段持股太久（或者在快速的下跌阶段卖空），这种反弹一般很快就会消失。

区别于清仓卖出，保证金卖空有相似的特征。它带来的价格变动节奏更紧凑。价格在连续抛压下快速下跌，清仓卖出比保证金卖空更持久，更宽泛。保证金卖空常常对明星股有更大的影响，这些股票被广泛地用于融券卖空。

股价在反弹中的疯狂变动代表着该股票供给紧张。那些有股票可卖的人在看到反弹开始时很自然地就会修改卖出价格，而那些想要买入的人会被迫出更高的委买价。那些打算收集筹码的投资性买家或机构会慢慢地出价，他们经常在"深度下跌"时买入。结果就是，他们的买入指令在市场下跌阶段才可能被注意到，他们在自己满意的价格收集足够的筹码。

最好记住，当公众大量参与市场时，我们必须更快地捕捉反弹和下跌的机会。

撤销买入指令

就像合约可以被撤销一样，买入指令也经常从市场上撤销。当市场信号显示你可以在86美元成交时，你不会用88美元买入指令来购买这只股票。

这会带来另一个问题，即卖空者的监视。大笔的买入报价或买入指令经常是由投机者发出的，这些报价指令都是噪音，它们发给经纪人报出的唯一目的就是愚弄大众。1930年10月，广泛流传有人以150美元委托买入了50000股美国钢铁，当时美国钢铁的委卖价是151或152美元。而当股价跌破150美元时却仅成交了几百股。我不知道这样的买入指令是否是为了囤货，如果是的话，这些指令被撤销了。

相似的事情发生在1930年10月新泽西标准石油身上。你会记得，1929年据称洛克菲勒委托买入1000000股新泽西标准石油。一年后，当该股再次跌至51美元附近时，据报道有人以

50 美元的价格委托买入 150000 股。该股跌破了 50 美元却没有 150000 股成交。一个月后，该股又毫无困难地跌穿了 50 美元。

有时这样的买入报价是有益的，但更多时候是有害的。记住，在卖压下支撑股价仅是暂时的，基于支撑股价买入的股票还会再被卖回到市场上。

另一个花招是经纪人高叫："操盘手惠特尼在买美国钢铁"，或是"投资家米汉在卖无线电"，或是"高手丹佛斯在卖 XYZ"。我们要记住市场上存在这样的可能性，即惠特尼先生这样做的目的是希望在暴跌时支撑股价。没有哪个大交易者或操纵者愿意提前暴露他的行踪，除非这样做有助于他达到目的。他为什么这样做呢？我们不要忘记，当"大庄家先生"公开卖出一只股票的时候，他也许通过其他经纪商买入了更多的股票。

最近有人告诉我说杰西·利弗摩尔（Jesse Livermore）没有固定的经纪账户，他随时顺便光临某个经纪商发出买卖指令。他可能某天在佛罗里达州棕榈海滩卖出了 5000 股，第二天早上又在迈阿密买了回来。但是，盘口会记录他的指令。盘口让我们可以推测天平倒向了买方还是卖方。

按美元，而不是按点位思考

在本书前面的章节，我已经提到了按美元而不是按点数进行思考的价值。我知道并且也深深相信这样思考将得到盘口信息的真谛。下次你在看你的股票时，请注意成交量，记录下来，快速地换算为成交额。我相信如果这样做的话，你将对成交量产生更深刻的理解。

第十二章　消息对市场的影响

好消息时卖出是一个宽泛的建议。问题在于辨别"一般性好消息"和"实质性好消息"是很困难的。在庄家操纵股价阶段，会有大量的消息刊登在报纸和《道琼斯股票通讯》（Dow-Jones Tickers in Reference to The Stock）上。我在本书第一部分已经讲过"股票推销"（Stock Merchandising）这个主题了。这里我们感兴趣的是：如何判明我们得到的消息就是我们等待的消息，以及盘口会如何反应？

我们可靠的向导——成交量，将再次拯救我们。观察你的股票成交量。注意你的股票对任何你获得的消息是如何反应的。你必须再次决定你是要进行中期趋势还是短期趋势的交易。很自然，中期趋势将会比微小波动建立在更重要的消息的基础上。也许重要消息是内部人士知道的股息派发或是更慷慨的额外转增。次要消息将在重要消息之前扩散，例如利润增长、大额订单以及总统的乐观言论等信息都会见诸媒体。

注意盘口的反应。观察成交活跃度是否显著增加。当一条你确定是重要事件的消息袭来时，快速检查盘口反应，判断股票是否属于快速放量上涨。你可以休息一下以便再次确认该消息是否为庄家操纵所用的"重要消息"，盘口将告诉你发生的情况。但盘口帮不了你。如果庄家意图派发股票，就必须吸引公众跟风，没有活跃的交易吸引不了跟风盘。上升的股价、大额成交量、凌厉的宣传攻势以及重要的事件，这些就是你的交易计划。（我建议你参考本书第一部分"股票投机"的完整讲解。）我们只能通过庄家能做的成交量，来判断庄家计划的成败（很多庄家的操纵以失败告终）。时刻不要忘记：庄家想盈利的话，必须卖掉他们购买的股票。我们要判断确认庄家是否成功。

市场永远是正确的。没有哪个庄家能在技术上的弱市中成功地派发股票获取利润。他们也不会这么做。因此你要分析市场，分析你的个股，判断盘口对消息的反应。但是，当你决定卖出时，马上卖出；不要等待不必要的确认。如果你等待的话，你将丧失很多利润。如果你不确定的话，就卖掉，让其他人在高位接手。

消息被提前消化了，这就是为什么股价会向原期望相反的方向运动。例如，股票在经历长期下跌后，公司也许会抛售股

第十二章　消息对市场的影响

息。但股价不是跌得更深，而是盘整后反弹。很自然，重要的卖出代表了那些知道公司真实盈利情况的人们。他们可能提前几周或者几个月就知道了。国家大事、商业活动增加、世界状况——所有的这些都提前被聪明的投资者、银行家、庄家操纵者们预期到了。他们知道公众会如何反应，他们认识到买入的时机是公众趁坏消息卖出之时，卖出的时机是公众趁好消息买入之时。

突然的、不期而至的事件不会被提前消化。例如原书155页提到的1929年联邦储备局的警告、战争、对领导者的暗杀、未预料到的选举结果、突发灾难等。这些都是不能被市场提前消化的突发事件。

当任何突发事件发生时，应停止交易，思考大多数人会怎么做；同时评估事件的严重程度和市场可能的反应程度。然后决定自己的行动。注意不要头脑发热稀里糊涂就动手。如果你理不清思路，就什么也不做，观察盘口，盘口将告诉你买卖双方的想法。股价下跌意味着公众在卖出；持续的压力可能是聪明的买入正在暗中进行的信号。反之亦然。当你注意到有聪明的、有量的重要买入信号时，应及时发出你的买入指令。

第十三章　阻力

阻力线与支撑线

在各种股票走势中，无论上涨还是下跌，都会有反复触及的阻力线与支撑线。形成这种情况的原因有很多，而它们造成的影响也各不相同。为什么一只股票某天在 52 美元遇到阻力，而一周后阻力线又变成了 56 美元？我们很难找到确切的原因去解释。然而可以想象的是，在狂热的牛市中，有数千甚至数百万对市场抱有积极兴趣的投资者。除此之外，还有职业投资者、投资银行等公共资金。因此，我们就能获得大量如以下所描述的情形：

买方

他们是那些：

买入股票的人；

回补空头头寸的人；

多头止损单将撤单的人；

在更低的价位挂买单的人；

在更高的价位挂买单的人；

在更低的价位卖出后想买入的人；

在更高的价位卖出后想买入的人。

卖方

他们是那些：

卖出股票的人；

做空的人；

空头止损单将撤单的人；

在更高价位挂卖单的人；

在更高价位买入后想卖出的人；

在更低价位买入后想卖出的人。

在盘面那些错综复杂的指令中，关于在什么价位买入和卖出，差异性的决策信号不计其数。当股票的供给和需求相对平衡时，市场上的多空观点也瞬间取得了平衡，这样就会形成多条阻力线或者支撑线。当卖方在数量上将要超过买方的时候，阻力或许仅能持续几分钟（此处是指卖出指令超过买入指令，而不是指人数上的超越）。当股价下跌时，我们会说由于投资者对股票需求的逐渐增加，对股价形成了一个很强的支撑。反之，当股价上升时，越来越多的卖方出来抛售股票。在第八章关于洛伊公司的案例中，股价在58美元的位置遭遇到一个显著的阻力，这个阻力持续了很多天，而57美元～63美元这个更宽幅的区间则是一个更难突破的阻力区域。

不能采用僵硬的规则来判断哪里会形成阻力。要指出阻力线的位置，必须要综合考虑市场以及成交量这些因素。在不少情况下，当前的价格与前一次的高位间50%的位置会形成阻力。换句话说，如果一只股票从40美元上涨到60美元，然后又回落到40美元，那么，它可能将会在50美元左右受到阻力。虽然我从未令人满意地给出这一现象如此频繁发生的原因，但我想这也许仅仅是在买方与卖方之间的一种平均分配。然而，50%的阻力位这个规则通常也会失效，所以不能把它作为一个完全可靠的指标。还有一个可以采用的方法是观察50%位置的成交量情况。如果在接近此位置时成交量萎缩，或者虽然放量但价位无法突破，那么，这就是一个可靠的阻力位。

从洛伊公司股票一天的交易图表上（72页图9），我们可以看到58美元以及这个价位上下有大量的抛售；而买入的指令在这一天中数次将价格推升至这一价位并诱发出更大规模的抛售。由此可以看出抛压是明显受制于阻力线。也可以说，正因为缺乏抛压，股价才会反弹到56美元～57美元的水平。这看起来很顺利，对于日内交易者来说，这是一种很具吸引力的模式。尽管如此，在遇到更加重要的阻力位时，这些原则同样也是有效的。

机械式的阻力位判断方法不会完全有效。有些股票会上涨10个点，而只回调3个点；但有些会回调过半。当然，在市场波动的背后，你还可以观察买方和卖方的行为。除此之外，就共同资金的操作而言，我们也应该考虑它们所产生的效应。没有哪个共同资金经理会与其他人用完全相同的方式来操作股票，他也不会让自己操作的股票以一种与其他股票整齐划一的方式上涨和下跌。如果他这么做，那对你我来说掌握股票的特性就易如反掌了，我们只要闭着眼睛等待瓜熟蒂落就行了。

然而，每个交易者都有特定的交易模式，这一点很重要。除非他精明过人，否则他的惯用模式会不断地重复出现。他很有可能一遍又一遍地使用相同的伎俩。如果我们可以深谙他的交易模式，那么通过分析他的持股，我们或许可以更精确地判断出各种阻力位。当他正在收集一只股票筹码的时候，他会努力使那只股票看上去缺乏吸引力。相反，当他要抛售股票的时候，他会引诱我们去买入。股票交易所对于限制以虚假方式操纵股票的行为规定相当严格，多数交易者都不会去尝试不道德行为。对于活跃的股票，任何交易操纵行为都会显示在盘口中。当然，一个投资经理可以买入和卖出股票，也可以在场外进行大宗交易。但如果想让公众跟随他，他必须使这只股票成交活跃。

盘口技术分析和操盘策略
Tape Reading And Market Tactics

如果你可以保存感兴趣的股票的图表，则上面记载了这些股票日内高低点区域。另外通过研究一些市场领导者的盘口情况，你无疑将能确定阻力位。然而，上述因素在不时变化，不能机械地依赖这些原则。记住，买卖股票的是人而不是机器人。从图表上找出所有阻力位，但要注意成交量对这些阻力位的测试。成交量指标在日线图上有一定辅助作用，但并不能显示日内成交的价格和方式。

成交密集区，是指股价在某一价位维持了相当一段时间的区域。当价格再次接近这些股价区域时，通常会产生阻力。在熊市中，有很多这样的成交密集区，它们是股价下跌过程中暂时止跌的位置。当趋势反转时，这些区域又会成为股价上涨过程中的阻力位。然而另一点需要牢记的是：随着时间的流逝，阻力位将会成比例地失去阻力作用。例如，一个7月份形成的成交密集区，6个月后就不再那么有效了。

支撑位是指支撑性的指令进入市场的位置，而且经常会出现在曾经形成支撑的价位区域。支撑形成后过的时间越久，支撑的效果就越不可靠。验证支撑位可以用与验证阻力位相同的方式来确认。成交量是判断其重要性的一个指标。不管成交量大小，如果股价跌破支撑位5个点，那么这个支撑位就不可靠了。当一个支撑位能顽强地抵抗住下跌压力很长时间，则一旦被突破，跌幅将会比一开始更深。

第十三章 阻力

这个道理你很容易就能明白。如果你认为自己有足够的资金能够消化卖出指令的压力，你就会尝试在这个经过自己判断的位置来支撑这只股票。但如果股票的卖盘源源不断，那你无疑应当暂时回避，并决定在更远的位置建立自己的支撑位。这就是在电能与照明公司股票上发生的情况（原文105页）。如果在此期间你错误地判断了手中股票的卖盘，并在不成功的支撑位已经使用了你的大部分资金，那么在卖压衰竭之前，你就没有资金能再次支撑这只股票了。

我们怎样才能预测到上述情形呢？除了观察市场中的争夺博弈以外，我们还有其他方法能了解吗？在现代化军事战术中，每一次演习和战斗都是为了完成一个目标。各种演习和侦查都是为了获取一个最重要的信息——敌军的实力。同样，在股票市场的投机交易中，一个交易者可以通过卖出大量的股票来测试市场的力道。如果卖出的压力被轻易吸收了，那他就会转而"做多"。在查明敌方的实力以后，将领就必须知道自己是否有足够的兵力（在投机中，指足够的买入能力）来达到自己的目的。军队战力的强弱是由预备部队决定的。在经历敌方的抵抗后，预备部队出动突击并完成目标任务。

金融市场上的战术难道不是完全一样吗？盘口是你的侦察目标，它上面打印出了参加战斗的士兵的数量。如果敌方不停地向海滩投入兵力，那他们将突破战线。敌方不计士兵生命（在我们的案例中系指资金额度）的行为将影响其后来的战

盘口技术分析和操盘策略
Tape Reading And Market Tactics

术，但我们关注眼前的战斗，同样也关注未来的。而一个金融市场上的将领派出侦察兵来测试敌军战线的抵抗强度，通过进和退，像战争中的将领一样聪明和巧妙地建立自己的战术。

使用图表，运用任何一种你能想到的有所帮助的东西。但要牢记，图表只是记录了过去人们的行为。你的图表是记录金融策略结果的图片。

我还想再给出一个军事上的描述：在前线会有很多小规模的战斗，对于没有经验的人来说，这些战斗与正在筹划中的大规模战役行动没什么关系。然而，站在将领的高度来看，这些小规模的战斗会对未来更大的战役计划产生影响。同样，对于盘口那些难以察觉的波动，只要配合特定的成交量信号，就可能暗示着未来的重要方向。

我认为我们在原文83页提及的11月15日星期六，早晨洛伊公司股票2300股的交易就是一个预示性的前哨战，它立刻引起了我的注意。而且，因为我感觉活跃的交易结果将会很快推动价格上涨，我确定这种特殊的交易行为异常重要。我不知道它是否预示着对于先前缺乏流动性现象的"终结"，但我知道，在此之前这只股票一向表现得安静和沉闷。这肯定是一个信号，事实证明这的确是一次聪明的买入。

先撤退后突袭，这在市场如同战场上一样常见。同样，在

第十三章 阻力

一个活跃的交易日结束前,通过巧妙的安排,可以同步与对手持续作战。

我详细论述了这种策略,它的重要性不能被过分强调。

因为我本人不会为了小利润而不停地进出市场,我也不会很注重那些微不足道的阻力位,除非它们可能是大战役的前哨战。

正如我前面提到的,在我关注洛伊公司股票的每日走势时,我手上有一些股票。因为之前几天这只股票突然转势,所以我对它的走势很感兴趣,哪怕是微小的变化。而且,虽然我觉得它很快会恢复到上涨过程,但我想在这个关键的时期仔细研究它的运行动向。如果它表现出持续走弱的迹象,我会毫不犹豫地认赔并立即抛售它。

盘口技术分析和操盘策略
Tape Reading And Market Tactics

过去的高点和低点

有时过去的高点和低点是阻力位，但更多的时候不是这样。一个过去的高点自身而言可能毫无意义。如果市场行为表明在此处的阻力是有效的，那么我们必须从这种市场行为中寻找答案。在1930年的股市下跌过程中，很多人认为在1929年11月形成的低点将会是市场进一步下跌的阻力位。但据我观察，当跌破那些年的低点时，市场上并没有明显的变化。为什么会出现这种情况呢？在1930年，经济形势、财富效应以及人们的心理反应必定经历了巨大的变化，所以也就没有理由假设过去的低点会成为下跌过程中的阻力位。市场本身也发生了剧变。许多新的数据组合形成了整个市场新的总体平衡水平，并早就下跌到1929年的水平之下，而其他老的数据组合仍远高于新的水平。整体形势的各个方面都发生了变化，所以不能和过去相提并论。

由于最近的高点和低点只在你当前关注市场之前较短的时期中记录，可能会有一些重要意义。我指出"可能"是因为它们在很多时候也都没有表现出阻力位的效果。因此，我并不觉得它们非常重要，除非在你观察盘口并要作出判断的时候可用作参考。

我相信那些所谓"机械式"的观点都是危险的,除非它们得到股票本身走势的证实。如果我们听到的任何理论都能一致有效,那这种有效性就不能持久。因为太多的交易者跟风操作会破坏这种有效性。阻力位只是市场各方力量的暂时平衡。如果我们按事先给定的阻力位来指导交易,那么当价格到达预期时,阻力将荡然无存。这是因为为了获取利益,多数交易者都会在阻力位之前抢占先机下达指令。

第十四章　给投机者的建议

以批判的眼光去进行盘口技术分析

当进行盘口分析时，我们必须保持批判的眼光。我的意思并不是要消极悲观，毕竟我们必须常常保持开放且不带成见的思维。无论是一个稳定且根深蒂固的牛市或者熊市，都不能抱希望于交易取得成功。长线投资者一定是看好股市未来的人。如果他持股足够长的时间，那么结果很可能是好的。但是一名交易者必须处心积虑并随时保持怀疑的戒心，必须在信任任何一件事之前先怀疑一切，认识到自己正在进行着世界上最冷酷无情的游戏。

在股票交易中几乎所有事情都是公平的。你所需要做的就

第十四章 给投机者的建议

是比其他人都更聪明。这是一局棋手与为数众多的智囊顾问们一起对抗公众的游戏。为了"擒贼擒王",公众屡屡失足。而操作游戏的"王者"就在公众的失误中盈利。

公众由于要提供资金而处于相对不利的位置,他们必须为自己对走势的判断力承担风险。而另一方面,我们买进或卖出少量股票都要紧随内幕人士的步伐,当然也要能够快速离场。我们要学会从损失中吸取经验教训,不断演练直到成功。

在本书的第三部分,读者能够找到很多关于亏损的讨论内容,所以现在我不打算过多探讨止损和利润流失的话题。

让我们当一个情感冷酷、玩世不恭的人,除了市场什么都不相信。如果我们能够决定股票市场的供求关系,那么我们也不需要知道别的什么事了。

如果你手上有上万股股票即将大量卖出,那么你需要采取一些策略:虚晃一枪,放出消息,在某种程度上显示你买入的意向多于卖出,难道你不希望这样吗?所以,你需要换位思考。当计划购买时,需要反复思考的不是该买不该买,而是怎样让公众误认为市场主力要卖票出局。如果虚晃一枪能取得成效,你所做的无疑是明智的。记住,公众往往被误导。

盘口技术分析和操盘策略
Tape Reading And Market Tactics

使用便签纸和笔随时记录

如果你想要真正"理解"行情变化,那么我建议你得学着手边常备便签簿和笔。我们(包括我自己)常常觉得难以全神贯注,会遗漏一些重要的市场动向。现在你可以试试用笔和本子记录每一笔较大的交易,可以列下交易价和交易量,比如 3—57$\frac{1}{2}$,(即 300 股,成交价为 57.5 美元)。当危机出现时,从这些记录里面或许你能够分析出一些规律。特别是那些大单子。记录并回顾这些交易带来的结果以及为什么会形成这样的结果。

这一练习对观点形成的作用很值得注意。我发现经过这些练习,提升的不仅仅是洞察力,同时也赋予了我曾经不具备的大局观念。同时,我确定极少有人在不经过练习的情况下,能够准确记得每笔重要交易是如何进行的。

如果没有时间去做这样一些作业练习,你也可以与你的经纪商说好,请他提供来自纽约证券交易所的日报,从中了解交易量和价格,并据此绘制图表,分析交易量的涨跌以及带来的影响。这些日报是由纽约证券交易所的子公司,弗朗西斯·埃默里·芬奇每天负责印制的。

我想没有更好的练习方法来预测市场的未来走向了。从这些已有的图表中判断走向，并可以根据市场的实际走向来检验自己的预测判断是否正确。当出现失误时，你应当回顾之前的市场表现，并从中查找当时引起自己误判的蛛丝马迹。非常常见的原因就是忽略或低估了一些实际上非常重要的市场变动。我找到了这个很棒的方法，并且经常使用它。

独立交易

这是我所有建议里最重要的一条：独立交易。对其他所有相关的交易意见关上大门，不受外界影响。忽略报告、小道消息和无聊的董事会信息发布。如果你打算大干一场，并且只遵循自己内心的判断，那么看在上帝的份上，成败皆由自己决定。但如果你打算跟其他人的风，那也不是不行。在那种情况下，你就需要完全听任他人摆布而不可插入任何自己的想法，而他人则可以随心所欲实施他所认为最佳的交易方式。正因为此，当进行交易时保持自己独立交易是必要的。

盘口技术分析和操盘策略
Tape Reading And Market Tactics

或许你能够发现别人所没有发现的关键信息。那么在这种情况下，你能够任由一个并未洞察到关键信息的人来左右你的决定吗？你会发现有很多人等着给你免费建议，即使你并没有向他们咨询请教。只要你表现出对他们的意见有兴趣，他们就会喋喋不休。所以，你需要当一个淡定且让人避而远之的角色。

无论是否有人来征询你的意见，都不要在公共场合大肆发表个人意见。如果你有了发表意见的习惯，那么你很快就会被拉入争论中。或许你所说的意见是正确的，但随后你将变得对自己的判断缺乏决心，变成泛泛而谈，因为从此以后你就会害怕自己所给出的意见是错误的。不久你将变得固步自封，并且除非你能作出决定，不然无法挣到钱。同样，你也无法一边看盘一边听42个人谈论经纪人贷款的影响、小麦市场、印度的白银价格、投资人拉斯科布和杜兰特先生实际上看涨等等鸡毛蒜皮的事情。

市面清淡往往使交易者困惑，毫无疑问当盘面不活跃时交易者难以集中精力。如果盘面让你觉得无聊，那么请走出去找些消遣。千万不要再次走入交易室跟人闲聊。

如我之前所建议的，使用笔和便签纸随时记录盘面变化，这样将占用你的脑力和帮助你集中精力，这样你将没有多余精力去跟其他交易者闲聊。

第十四章 给投机者的建议

也许我这些建议让你觉得有些刻薄，但请相信我，我是过来人，并且曾经是其中最糟糕的一个。炫耀自己的意见确实很有成就感，但所付出的代价是不断增长的财政赤字。最糟糕的是自己那些扰乱人心的言论伤害了旁边的人而不自知。

不要关注过多的股票

正如前面我花费了数页敦促你一定要认真看盘，而现在，我恳求你千万不要看过多的股票。如果你打算从心理上对自己的账户保持高度了解，对交易量和供求现状都有充分把握，那么你必须集中注意力。尽量不要试图同时看三只以上的股票，五只则是一定不可逾越的上限。很多成功的交易者只操作一只股票，而这只股票是他们非常了解的。要想赢利，我们必须对自己所交易的股票非常熟悉，必须了解它们的独特个性，必须事先判定它们的阻力位和支撑价位。我们必须关注重要的交易行为，以发现当天的成交量主要来自何处。

除非我们有不同寻常的想法，否则千万不要持有或者交易三到五只或以上过多的股票。

盘口技术分析和操盘策略
Tape Reading And Market Tactics

盘面图表和数据分析

在交易中对于图表的运用是如此普遍，我相信有很多相关的参考资料。盘面表格的种类也很多：当日盘面表格、当周盘面表格以及当月盘面表格。甚至有些交易者会根据每小时的盘面情况绘制表格。

绘制当日的盘面图表是最理想的。虽然为了进行盘口技术分析，我曾经建议用图表跟踪每一笔交易，以此作为观察和判断的依据。但是这种方法难以实施，因为绘制表格需要时间，这样绘制表格时难免遗漏一部分数据信息。

当日的盘面图表能够清晰地呈现出价位和之前的股票表现。

盘面图表的首要意义在于帮助交易者更容易看清市场走势。同时，图表还能提供许多其他信息给我们。当图表与盘面表现相符时，对投资者很有意义。尽管如此，有些交易者过于死板地使用图表，他们忽视了图表也只是某只股票买家和卖家意愿的一种集中体现。如果理解了深层的操作动机，并且认识

第十四章 给投机者的建议

到没有什么一定可以达到目的的绝对方法，那么图表才能发挥它的重要作用。

在《证券市场理论与实践》一书中，作者详细讨论了图表的形式和价值。我建议大家去看看这本书，书中作者对于表格的应用进行了详尽的讲解，对细节和框架均有描述，并且有大量的图表来辅助文字说明。

我听到来自一些交易者的说法，他们认为没有必要真的绘制出图表，因为对于所感兴趣的股票，他们会在脑海中描绘出相应的图表。我对此说法表示怀疑。我认为一个人难以将纷繁复杂的数据准确地记在脑中，更难以仅凭记忆就说出一只股票与其他五十只甚至上百只股票的区别。

统计学的应用和投资基本面的知识毫无疑问被认为是进入市场所必备的。市面上已经有相当数量的专业书籍介绍投资方面的知识。这也是我将在此涉及的内容。自然而然，我迫切希望交易者能够在交易过程中运用这些知识。尽管如此，我非常怀疑当日进出的投机者是否会运用数据统计。当然，对于公司和一般的交易活动来说，数据统计对于小幅的股票价格波动的作用有限。

这些不显著的波动趋势，往往受公司季报影响。正如我们所知，报表所公布的收益往往要超出公司的实际收益。同时，也受公司运营情况的影响。货币市场、信用状况、商品市场以及其他相关的商品和产业因素，所有这些都影响着人们对股票价格趋势的考量。

然而，或许我们会从盘面走势寻求答案。市场反映了所有的基本面情况。

请牢记，数据所显示的是已发生过的情况。报告中提到的上一季度收益，与我们现在所看到的盘面并没有多大关系。当前和之后的盘面才是体现现在及未来收益的判断基础。除非你所卖出的股票是在已发布利好消息或者已经撤销利空消息的情况下，否则不要根据已过去的情况来进行交易。

在熊市中，利空消息会打压股价，利好消息会拉升股价。从1930年的股灾中，我看不出反复讨论如何应对牛市能给实际情况带来什么改善。相反，分析盘面交易量和交易价格等情况，如我前面所介绍的那样顺势而为进行操作，才是走出熊市的必经之道。当市场不再出现坏消息，价格不再下跌时，在熊市中投资仍是安全的。这一理论已被广泛接受。

初学者往往发现很难在由盘面反映出的纷繁复杂的因素间建立联系，但当他的知识和经验变得越来越丰富后，他就能抓住要领：代表。交易量变化能代表市场参与者看多与看空的程度。

第十四章 给投机者的建议

与公众背道而驰

什么时候与公众交易思路相反才能盈利？这是一个很难回答的问题。在重要的市场拐点，我相信公众的意见往往是错误的。正如我在原文第58页陈述的那样。通过1930年11月的那场股灾我接受了这一理论，并探查出当时这一低谷将迎来长时间的衰退。当遇到低谷时，公众往往会选择平仓。价格因此会在一段时间内持续走低，以至于人们都认为卖空才能够止损或赚钱。无论如何，当所有人都想买或者都想卖的时候，一定要小心！

在情况还不明朗的阶段，其实很难去界定买入的最好时机，以及是否跟从自己的倾向或者与公众的倾向相反。例如，当价格反弹了一段时间以后，客户从保证金账户开始购买了，这时并不是一个明智的购买时机。首先，我们必须确定这股反弹会持续多久，然后选择和把握好的时机，在这股买盘潮流快结束之前完成购入。反之，我们应当在公众意识到交易量上升、价格上涨等形成的转机之前卖掉，并且不要去做公众视野中第一个站在他们反面的人。

盘口技术分析和操盘策略
Tape Reading And Market Tactics

不知道我说明白没有。或许多一些案例能更加强化这一发现。我认为这是非常重要的。因为我曾经数次盲目抗拒自己的第一感觉，后来我学会了听从自己的直觉，并且有选择地去辨识公众意见，在形成操作策略的过程中过滤掉公众的噪音。

还记得1929年的数次危机吗？其中很多都是由联邦储备委员会的警告引起的。联邦储备委员会往往会扣下最新公告拖到收市以后再发。在这种情况下，最有利的做法是停止交易并扪心自问："公众明天会做什么？他们会开市就卖吗？"然后就需要进行与公众相反的操作。

在我能回忆起的很多例子中，开市时市场表现并不好，但随着卖盘被市场吸收一段时间后，就会出现新一轮上涨行情。当有确切信号显示重仓卖盘告一段落，重要的买入行为显现时，这就是一个较好的时机让我们跟进。在下一轮下跌前我们可以积极地投入市场。

当主力抛售（包括一些主要的居间活动）结束后，你可以安全地绕过公众盈利。理想的状态是把握好了交易的节奏，先于公众的步伐买入而当股价上涨到一定的程度，公众只是部分参与进来时，你仍然可以跟随大家的步伐，但一旦出现大批散户买入信号而股价并未保持同步上涨时，就需要立即卖出。这样，大量的散户就留在顶部，因为他们总是跟随着价格进行交易，即追涨杀跌。

第十四章 给投机者的建议

趋势交易

大致说来，趋势有三种类型：长期、中期和短期。保守派交易者往往操作中期趋势。一般延续两周到 6 个月时间。他们可以从其盈利的准确性或者哪怕是非常细微的风险中判断市场走势，以便快速作出购进或者卖出的反应。对股价变化 50 点中的 4 点的涨跌反应，当然不值得操作，尽管它在行情中看起来很吸引人。

危险在于我们的结论往往不能及时形成：当我们发现一波行情到决定卖出的这一段时间里，往往行情已经过去了。尽管如此，中期的行情变化允许交易者进行思考。我们可以在这些情况中找到一个平衡点，并从中获利。在一个非正规的市场中，人们往往等趋势足够明显时才买入，并早早抛售。而在多头旺市中，当连续一两天有快速而持续的重仓上升行情时就需要考虑卖出，让其他人去最高价位"站岗"。

如果你有意进行中线交易，要小心被盘面信息误导。盘面上一些细小的变动或许会扰乱你的计算。在我看来，如果你想要进行短线交易，那么毫无疑问你得成天盯着大盘。但如果你

盘口技术分析和操盘策略
Tape Reading And Market Tactics

进行中线操作，那么我相信你更好的选择是偶尔看看大盘和自己的交易情况。你操作的行情越大，则以小时为单位的频繁操作的重要性越小。

当然，保持偶尔看看盘面是明智的，这能够让你了解重要的市场变化和持仓量的增减，也能够帮助你决定是继续持有还是卖出离场。当盘面走势有时不如你所预料时，你就需要更多地关注盘面分析。如果对于你不感兴趣的股票完全不予关注，那么也不要试图从中获利。观察、分析、学习！当未曾预料到的情况出现时，应尽快卖出。在未来的任何时候你都可以再次买入，但不要寄望将前期的亏损弥补回来。你可以等候时机，再次获利；也可以接受这一小小损失从头来过，但想要通过深思熟虑来稳定获利是很难的。

记住，你正在交易，永远不要因为你卖出后又涨了十个点而心神不宁。检验你的判断并投入交易，或许你只是忽略了一些信号。不要唏嘘感叹，市场明天会如常开市。记住重要的是下手的时机，而不是买卖的价格。

顺势而为，不要逆势强求。这一公理几乎无需证明，但我常常看见交易者对抗趋势。你决定交易的方向是依据市场趋势而来的（在共同市场中，很少是去交易那些与市场走势相反的股票）。一旦发现趋势反转，就立即卖掉。很多损失都来自于趋势向相反方向发展时，交易者不愿跟随这一趋势进行改变,而一厢情愿地祈祷趋势不要改变。

资本化程度和浮动供给量

相比之下,股票的资本化程度越高,通常意味着经纪人和交易者手中的浮动供给量越大。理想的股票就是那些拥有大量的浮动供给量、交易频繁并且时常出现盘口交易机会的股票。股票的浮动筹码越大,不规则回转的可能性越低。显而易见,300万手浮动供给的股票要比10万手浮动供给的股票需要更强大的买方动量。可以说,波动剧烈、振幅较宽的股票,其资本化程度通常较低。每日涨跌十多二十点的股票,其风险化程度更高,投资者需谨慎对待。尽管如此,如果投资者对其趋势判断准确,那就会获取暴利。所以说,如果投资者对股票未来的走向信心十足,那么购买并持有的策略便极具诱惑力。

我的理论就是持有它们并等待上涨时机。不过市场震荡和股价浮动如此之大,以至于非常难找到合适的点位。因此当我们选错时机买入股票后,市场往往会让你寝食难安。

这里需要提醒一下,在疯狂的股票市场中,为了能够及时抓住时机完成交易，那么请买入那些波动不那么大的表现较为稳定的股票。比如说钢铁股，在交易中其流动性排在第八位之后，但同样有许多有利可图的时机。普通投资者可选择两到三只走势稳定、并为众人所熟知的股票进行投资。

当然，你所选择的股票首先得令自己满意。如果它们未来前途是光明的，那么这些股票无疑有着强大的经济实力和广阔的市场前景。对此只要能够解读盘面基本走向趋势的普通投资者就可以适时买入并从中获利。

耐心是美德

作为最后一个建议，我想在这里请求大家交易时保持耐心。如果我们都能够当趋势明朗的时候再进行交易，那会多挣多少钱呢！一年里6到12次成功的中线投资交易，能够比数不清的频繁短线交易带来更大的收益。有了这样的比较，何必还要去为那些短线交易劳心费神吃力不讨好呢？

第十五章 在正常牛市中美国钢铁公司股票的涨跌

接下来探讨美国钢铁公司股票在 4 个月内的走势。这个过程中我们使用了本书中所介绍的一些盘口分析技术,并作为给大家的一个总结吧。

用此举例的目的是,我们可能会争辩说 1929 年 12 月 23 日到 1930 年 4 月 15 日之间,市场表现出正常的牛市格局。的确,这段时间的牛市走势不像 1928 年到 1929 年间的牛市那样激动人心,但大牛市的背后也意味着对其超常强势的调整,况且这样的牛市我们在未来的很多年都难以再看到了。

我在图 15 和 16 中复制了美国钢铁公司股票从 12 月 26 日到 5 月 6 日的日内波动范围。不幸的是,因为空间的要求,我们不能以图表的形式显示出不同交易日中的个别交易。尽管如此,交易量的重要性原则在图中清楚地表现出来了。但展示股票整体走势的目的，是为了表现不同类型的成交量情况。

为了方便解释，我在图中标出了从 A 到 H 各区域，同样为了方便观察图中底部的成交量指标和图表上部的高低收盘点。

区域 A 是一个伴随 12 月 10 日快速下跌后形成的成交密集区，或者说是吸筹区。在 1 月 2 日和 1 月 10 日，我们可以观察到伴随着良好的成交量，股价两次在 173 美元上方遇到阻力。在来回拉锯几天后，随着成交量萎缩，美国钢铁公司股票在 1 月 23 日突破该阻力位收在 175 美元。通过股票走势中的成交量信号，这段时期换手的股票达到了一个月以来的最高量。

直到 2 月 1 日股票的走势都很稳健（B 区域），但当成交量连续 3 天明显萎缩之后，预示着要么股价在休整后继续上涨，要么在股价下跌的过程中成交量放大。

在 2 月 14 日（C 区域）我们看到另一轮上涨，然而这次上涨的幅度并不大。当天的成交量并不足以使股价突破 $189\frac{1}{4}$ 美元。美国钢铁公司股票再次在高位陷入沉寂，但不久之后出现了一个成交量巨大的交易日（2 月 20 日），3 天之后最低触及到 $176\frac{3}{4}$ 美元，比一周前的高点低了 12.75 美元。

后一个月成交密集区的交易很平静（图 15 的 D 区域和图 16 的 E 区域），股价的成交范围显示了下列两种可能性之一：为

第十五章 在正常牛市中美国钢铁公司股票的涨跌

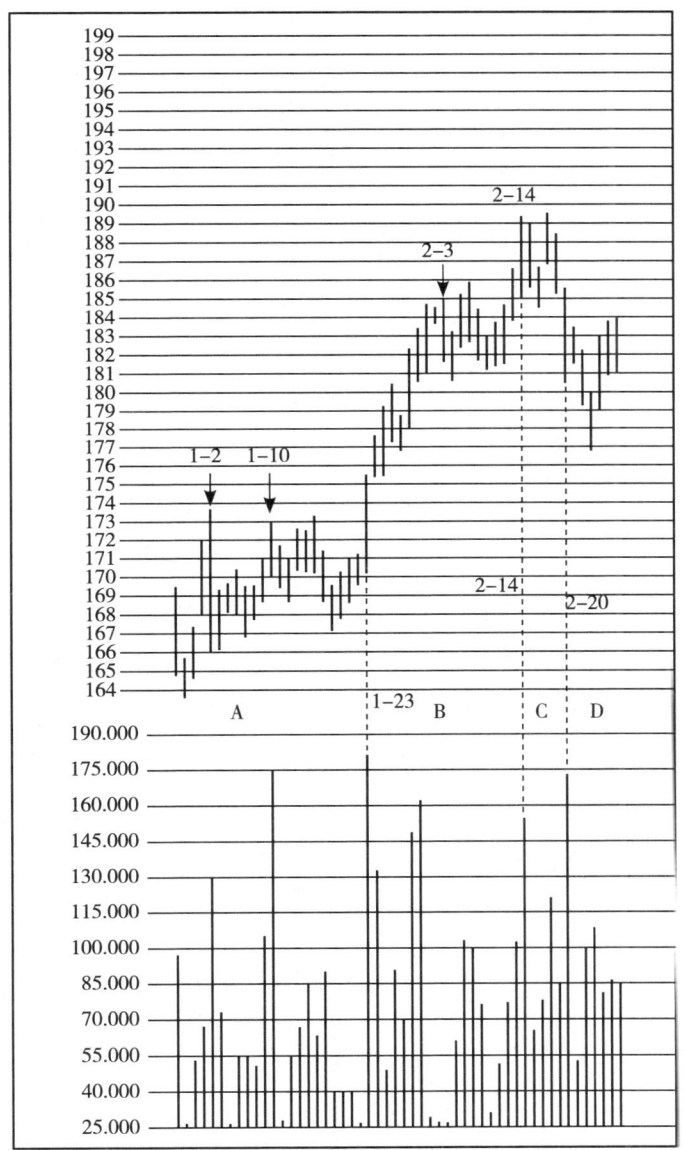

图 15

盘口技术分析和操盘策略
Tape Reading And Market Tactics

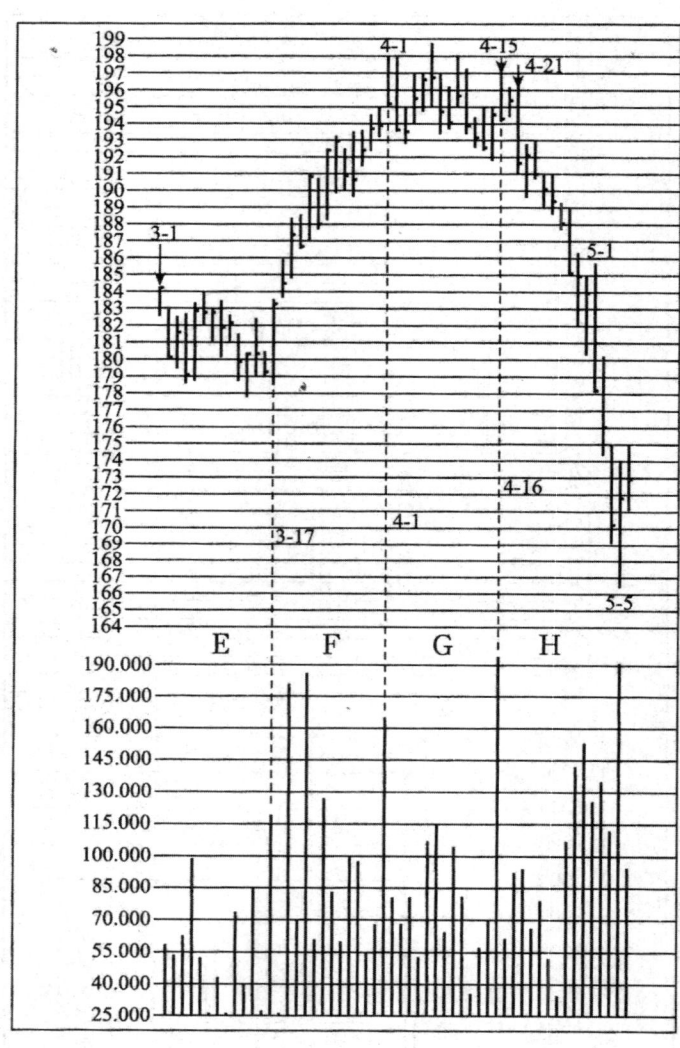

图 16

下次上涨吸筹或是暗中套现。但直到3月17日我们也不能确定是哪种结果。有可能美国钢铁公司正在转仓（在1930年11月曾经发生过，参见图2），如果那样就会形成一个更大范围内的顶部。当然，从交易的角度看，卖出观望是明智的，情况不明就应当等待预示下次走势的确切信号。

17日的上涨坚定而且稳健，成交量超过120000股，这是一个确定的信号，显示有重要的买入，而不是清盘行为。顺便提一句，股票在这个位置突然扭转了前期的疲软走势。

接下来3月17日的走势（F区域）也很有趣。如果你能每天跟踪盘面就会发现，当美国钢铁向上突破时成交量上升，而在上涨受挫时成交量急剧下跌。

4月份的高点（G区域）并不难估计。我们看到三个不同的信号。第一个在4月2日，当时股价在先前一天创出新高后，突然扭转原先的走势。从盘口上我们可以获得提示，事实上在第一个信号中，因为日内的高点成交量巨大，但价格并没有进一步突破。据此我们可以推测出在一般的成交量规模下，股价很难走高，这只股票已开始走软。

4月16日，如果美国钢铁公司股票重复3月17日的走势及之前8天的趋势，那继续上涨的时机就到了。然而，很快表明这次行动受到极其沉重的抛压，股价在当日低点收盘。第二天，多空双方都原地踏步，即便盘口显示下跌时，成交量也比上涨时更大。4月21日走势依旧。虽然当天的交易量没有达到100000股，空头还是不断卖出。

如同大家所看到的一样,下跌势头伴随着后半部(H区域)的放量。直到5月5日的每一天成交量信号都显示量增价低。到5日这一天,我们获知了"全部卖出"信号。成交量巨大,超过100000股。然而随着陷入价格新低及剧烈震荡后,多头又超越空头,推升了美国钢铁公司的股价,当日收盘价触底回升1.5美元。这是春季周期的终结。本书概述了盘口分析技术,感兴趣的读者可以查阅更多关于美国钢铁公司股票的案例。我的简短叙述是为了指出:成交量信息会给未来走势提供其他指标所不能给出的信号。

第三部分
市场哲学

第十六章　市场哲学的基本知识

最大的障碍在我们自身

即使我们已经熟知市场的复杂性包括基本面分析和技术分析，但离成功仍有很长的路要走。其中最大的问题是投资者自己。我们经常能够利用相关的知识和技术对股票作出走势的判断，并且也可能是正确的，但最终交易的结果仍是亏损，这究竟是为什么呢？这是因为大部分人都无法完全按照自己的判断和计划进行操作！每当涉及自身财产价值在波动的时候，我们会受其影响从而对行情开始期待、恐惧、不耐心、自负，最后作出与之前看法不一致的主观性判断。

而在交易行为中，妨碍大部分人走向成功的最大因素便是对于失败的不甘心。即便我们意识到已经判断失误，我们也许仍会对自己说："那只股票现在的走势是有偏差的，我相信它会跌下来，当然这需要一些时间，我猜它也许跌下来之前会先涨上去。"内心深处两个相反的自我正在斗争，而主观的情感也阻碍自己去采取正确的行动。

市场哲学

过去的几年，我曾经写过许多关于金融市场交易者投资心理弱点的文章与评论。接下来的篇幅列出了一些"人性在金融市场中如何表现"，以及在股票市场里投资者普遍存在的心理问题。

以下是一个自称为"市场愤青（Market Cynic）"的人在1930年大萧条期间写的关于普通投资者在华尔街亏钱的十大原因，此外，我想不到还能有什么更好的方式来结束这篇市场哲学的前言。

在华尔街亏钱的十大原因
——市场愤青

经过长时间的观察统计，我为普通交易者总结了一些可借鉴的指引：在华尔街亏钱的十大原因。我不会试图去解释或者定义这些规诫，因为读者们不论来自哪里，其行为都无疑会与其不谋而合。

1. 坚信交易厅里散播的小道消息
2. 相信所有听到的传言
3. 弄不清行情时就猜行情
4. 跟随大多数人（从众心理）
5. 不够耐心
6. 过度贪婪
7. 满仓操作
8. 不管错与对，始终坚持己见
9. 从来不以空仓的心态去判断市场
10. 敢输不敢赢

第十七章　有关人性和投机的思考

中长期趋势交易

普通交易者,由于很难成功控制自己的情绪,把握自己的脾气,克服人性的弱点,所以他们只能通过短线的频繁进出而小有斩获,很难通过股价的中长期趋势获取大的成功。

通过中长期趋势交易可以获得更大收益,同时降低亏损。要说交易有什么高招的话,那就是中长期秘籍。如果按照该模式操作的话,你将多一分快乐,少一分急躁。这样你就能很好地在整个交易过程中控制自己因急躁情绪导致的频繁买卖行为,贯彻自身的交易理念,获得市场收益平衡。

最后，再说一次，千万不要过度交易。永远都要维持50%以上的保证金比率。

市场平常心

当我进出经纪事务所的时候，时常诧异于坐在行情室里的交易者脸上的表情。当市场走势对他们不利时，他们表现出恐惧、担忧和疑惑；当市场走势对他们有利而获益时，他们的脸上充满着贪婪、欲望和肤浅的快乐。

股市投机要取得成功，必须对市场有基本的认识，具备一定的判断能力和理论常识。而在股市里赌博，不过就是猜测报价什么时候往上跳一个点。

投机者早晚能够获得市场平常心，股票赌徒从来不能。

当经过深思熟虑和基于常识的分析，得出某一只股票正在被低估的结论，或者说当我们自信地认为市场行为反映出主力正在吸筹，于是我们购买了相应的股票，此时，我们应该放宽心。当然，我们应该小心观察是否出现信号表明我们判断有

第十七章 有关人性和投机的思考

误。如果我们冷静考虑了所有已知因素,就没有理由对预测的结果忧心忡忡或者信心不足。

然而,如果我们走进经纪事务所并向第一次遇见的人询问"今天有什么利好消息",然后对这方面的信息押注以求获利,那我们肯定会非常失望,而且将会以极其紧张的状态去关注买卖的结果。

总之,把握市场平常心是一种精神寄托,是自信能把握投机风险的结果。这种自信能让我们保持冷静,勤于思考,谨慎从事。如果不能按照计划盈利,而必须接受小小的损失,这些都不会令我们失望,因为面对问题我们已经运用了最佳的判断和计划。同时应该明白,我们不可能正确判断每一次市场交易背后的动机。市场平常心产生于判断,而不是猜测;产生于审慎主义,而非投机主义;当多空双方之间的博弈僵持不下时,我们应倾向于站在旁边,而不是狂热地不计成本地采取任何行动。

根本就没有"头寸"这回事

在我看来,交易者们谈论某个交易者"失去头寸"毫无逻辑可言。作为仅对长期趋势感兴趣的投资者来说，也许会只盯住自己的头寸不放，但这不应是交易者所为。

我想你会同意我的如下说法，即交易获利取决于你的操作时机的精准性，而不取决于你的买入价位。在交易过程中，如果你判断当前的买入能够在之后获利卖出，那么你在交易的时候到底买在什么价位上根本没有任何影响。

我无数次听说交易者们在发现所持股票亏损的情况下仍固执己见持有该股票。因为他们声称不想失去所持有的头寸。为此我不得不强调，这正是他们失去头寸的开始。当他们已经为持有这些头寸而产生了亏损，又何必坚持到底呢？

最近我有幸看到一份从1929年9月到1930年9月期间完整的交易账户记录。整体而言，相对于这段众所周知的糟糕时期，该份交易账户记录算是表现不错的了。但这并不是该记录最有趣的特征，更能吸引我的是该份记录中亏损段的因果关系。在148次亏损的实例中，有110次的亏损额远远大于他采取如下措施后的结果：即在一旦发现行情没有达到交易预期就迅速止损。经分析我发现，几乎每一次亏损都是由于交易者坚持认为继续持有头寸就能获利这一观点基础上的。也就是说，假如在亏损状态下继续开始交易的话，仅四分之一几率能够获利。

我知道这是在熊市年代才有的情况，有些投资者会反驳我说，如果在牛市条件下，持仓时间足够长，最终就不会有任何亏损。这听起来是完美的推理，但事实并非如此。上述交易记录表明，当盘面亏损加剧时，一般的交易者大多会因心理恐慌而割肉抛售股票。询问你的经纪人，他也会告诉你数以千计的客户最后都抛售，因为到最后保证金不足时，风险控制部门的人员会礼貌而坚定地对他们实施砍仓。

我唯独不想失去的头寸是那些有盈利的头寸，我会一直持仓到我的判断告诉我该是抛售变现的时候为止。

反映到市场中的新闻

什么样的新闻或报告会被公众吸收并反映在市场走势中？

那些报刊媒体的普通读者，首先，根本记不住他读过什么。他匆匆浏览报纸，晨报也好，晚报也罢，你问问他头条是什么，他顶多能告诉你一个歪曲了事实的故事。

这对金融版新闻和金融类杂志的读者来说也是一样。

人类本能往往就是只记住自己感兴趣的，而忽视那些尽管

盘口技术分析和操盘策略
Tape Reading And Market Tactics

更重要、但偏离自己感兴趣的主题的新闻。我想这么说比较合适，假设我们持有某个连锁店的股票，当晨报上有连锁店的调查报告时，如果该报告不带偏见的话，基本上都会陈述利弊，对我们持有的连锁店相关股票分别形成利好和利空。

我敢打赌，而且必胜无疑，除非我们专门训练过背诵全文，否则，我们只会吸收文章中肯定我们观点的部分，而这些观点早在你买入股票时就已经成型了。大多数情况下，我们对报告作者所持的相反观点不感兴趣。为什么会这样？是因为我们持有这些股票，我们不希望被告知当初购买时判断失误。

心理学家告诉我们，一种观念只有不断被重复，才会被所有的公众所接受。

同样的，大多数投资者倾向于被动当听众，而不是主动去挖掘分析新闻背后的信息。

结果是，任何新闻都只能对股价造成很小的影响，除非已经不断重复过太多次。例如，交易者每周都在猜测经纪公司的贷款水平，交易者根据其将会对市场造成的影响进行交易。（不要忽视问题的关键点其将会对市场造成的影响。换句话说，公开发布的新闻没有任何价值，只有未公开的事实才能产生高明的建议。）

我认为，行情器上一闪而过的新闻，比报刊杂志上的评论

第十七章 有关人性和投机的思考

文章效果更明显。只是偶尔能出现一则轰动的消息对市场产生还算有效的短期影响。以1929年美联储公布的消息为例。当这些消息突然公布时,大家都会马上作出相应的反应。然而,这种影响只能暂时而不会持久。1929年8月美联储的警告很好地说明了这一点。警告发布后一小时内股市即出现最低价位,但是一到两周后股票价格竟然创出新高。

在我看来,新闻机构应对其读者负有更大的责任,而不仅仅是持续发布那些耸人听闻的,对不假思索的公众毫无正确导向的消息。我严厉抨击那些携新闻机构或者宣传机器、不顾严重后果而任意操纵舆论的公众人物。

如果了解到我所发表的某些只为炫耀自己智慧的言论,造成了成百上千人听信我的言论而损失百万美元的结果,而我又明明知道这些人会受到我的影响,我将夙夜难寐。

市场新闻本身,无论正面还是负面的,无疑都是颇有影响力的市场因素。我力图告诫大家如何防备市场本身作为宣传机器所带来的某些隐患,这些隐患常常是十分危险的。

盘口技术分析和操盘策略
Tape Reading And Market Tactics

市场是自身最好的宣传者

前面我谈到了市场上的新闻，无论是正面还是负面的信号，无疑是市场最强有力的影响因素。同时我也谈到了各类被公众消化吸收的消息和报道，其最终都将反映到市场走势中。

拥有大量卖方的活跃的新兴市场吸引着各路买家，股价上涨推动着公众的参与热情。特别可能出现的情形是，股价飙升越快，公众对股票的投资热情越高。

在一个下跌行情的市场中该趋势也同样适用。随着交易的活跃，卖单不断涌出。越来越多的投资者将股票抛售到市场流动的漩涡中。这是暴民心理：反映出贪婪的人性。受过市场洗礼的交易者和操盘经理们认识到普通投资者在追涨中获利的偏好，并在交易中利用这一偏好。

或许你见到过这样的行情，当一只股票在飙涨之后，日内走势呈现锯齿形状。在飙涨至高位之后，最后两到三天的时间又会陡然跌落。跌落到位后则出现反弹涨势，但是涨势达不到先前的高位。股票的走势形状看起来像一头双肩组成的头肩顶,中间的头比两边的双肩高。

这是为什么呢?内部知情者或者那些早就以更便宜的价格购买数以千计股票的人(也有可能是资金池操盘手)决定卖出他们的股票,因为他们相信股价在未来会走低。股票的上涨,特别是后期的飙涨,会吸引大众跟进。尽管如此,仍然有数以千计的股票被卖出——这是在派发筹码。当抛售开始后,股价跌势会出现中断。那是为了不让股民过于恐惧,操盘手有必要暂停抛售,甚至可能需要买进更多的股票,造成股价止跌回升,然后通常会随着涨到新高价位,一路卖出更多的股票。同样的程序反复重演着,但奇怪的是,股价在第三个高位即右肩之后,会突然骤降。并且在其再次活跃之前,会有一个比较长的相对平稳阶段。资金池可能又会囤积更多的股票,并且历经同样的历程。这就是筹码的"集中和分散"。当股票在高位被最大程度分散的时候,筹码就会从主力庄家手中转移到散户手中,其技术形态也会大大地弱化。

市场领头羊任何一个明显的行为,都会诱发很多股票的走势活跃。金融市场的职业写手经常说,"在什么行业什么题材的股票引领下,今天股市大涨"之类的新闻信息。

正如前面所提到的那样,当你注意到股票价格稳步上涨的时候,留心判断走势是很明智的。更宽泛地来讲,走势加速往往是转势的征兆。这就像我们在第二部分"盘口分析"中分析顶部行为的图示中关注到的一样。

时间因素

"时间因素"适用于股票价格走势。

你知道活跃股票的股价结构是什么意思吗？想象一下有一万名股民，要么是某只股票的所有者，要么是潜在所有者。股票的所有者即股东，有些会委托经纪商下卖单指令，设定卖出价格。或设定止损指令，将会以稍低于当前市场的价位卖出所持股票。

对于那些有兴趣在某个价位做多的股民来说，有些喜欢以低于市场价位买进，有些喜欢以高于市场价位买进（因为对于后者来说，假如强势的股票正在向上突破当前运行的箱体，就将实现更高价位的卖出）。

因此，可以说股票市场就像一个充满买进卖出指令的蜂窝。

现在，让我们关注一下股价快速推进时会发生什么。此时低于市场价位的购买指令就变得毫无价值，除非股价能回归到原来的水平。假如股价急剧上扬，一旦启动，就没有足够的时间去下单，容不得回调时成交。反过来，股价急剧暴跌破坏了价格结构，止损指令被触发，许多购买指令被撤销，直到股价的运动重新稳定。

股价根据供求关系运动，也根据先前的时间因素变化。这根本就不是机械的，而完全是心理原因造成的。

股价震荡期越长，震荡区间与每日价格区间越重叠，之后的趋势就越明显。但直到突破发生之前，你没办法确定股价将往哪个方向走。

让我为大家快速回顾一下1929年股市崩盘期间以及之后的股价变动情况，你就会发现时间元素的价值。

1929年10月下旬令人记忆犹新。股价以疯狂的速度暴跌。那时候谁还在乎原因是什么。羊群效应，恐慌，强制平仓，这些都是罪魁祸首。

买方太少了，于是，每次成交都会让价格跨着大步向下跌很多点，而不是以往的几分之一点。10月29日，第一轮暴跌渐停。此时是进场抄底的最佳时机吗？绝不是，如果你了解时间因素对价格结构的作用的话，你会发现在恐慌之后，根本不可能在几天之内重新建立起稳定的市场结构。

在遭受如此大的冲击之后，人们需要时间恢复理性。你想想你自己用了多长时间才缓过神来？

接着发生了什么？随之而来的是又一波严重的崩溃，股价震荡下行，振幅越来越窄，直到 1929 年 12 月底到 1930 年 1 月，股价渐趋稳定，连续数周在限定的箱体间波动。1 月稳定上涨，但是交投冷淡，成交量与这段调整期的长度匹配。你会注意到，股价的运动速度非常慢，再也没有重现之前一年的活力。为什么会这样？因为还没有足够的时间让公众治愈因股市崩盘、亏损所引起的绝望，也没有足够的时间去评估未来重塑的购买力。

如何思考是一种市场智慧

哲学家弗朗西斯·培根在他的巨著《新型工具论》（Novum Organum）中，提出了形成既定意识前应当首先怀疑一切的原则："在一般情况下，要让每一位学生……以此为原则，无论何种思想点燃了他所有的好奇，也应常存怀疑之心，深入思考和探究这些问题，才能使我们的理解更加清晰和正确。"

第十七章 有关人性和投机的思考

下一次当你收到一条有用的忠告,或在报纸上看到一则新闻,请透彻思考。1930年2月份,当石油成本大幅降低的消息宣布时,数以千计的投资者马上得出的结论是:石油类股将立即暴跌。但如果他们仔细思考这个问题后,他们会问自己:预期的坏消息出现之后,这难道不能成为看涨的论据吗?价格降幅维持在多少能缩减石油产量?降价会制约生产和消费吗?主要的石油股票是不是已经因为这条消息而下跌到位了?石油股票的下跌是不是已经充分反映了公司收入的减少?石油价格的下跌有没有可能成为利多因素?1930年的汽油消费会正常增长吗?如果石油价格下降造成产量削减,将对股价产生什么影响?石油产量的削减能为未来石油价格上涨铺平道路吗?

我或许可以再写几页纸继续发问,但你应该可以从上述几个问题中窥探出我的想法。

正如弗朗西斯·培根三百年前所说:"相信任何事情之前你要怀疑一切,尤其是你的偶像!"投资或交易的精髓,概莫于此。

基本面分析和技术分析

学校教授和技术分析师之间一直存在着意见分歧。学术派认为基本面因素是影响未来股价唯一可信赖的因素,而技术分析师则认为股票的技术表现才是未来走势的准确参考。

在我们进行讨论之前,先来定义一下"基本面"。通常来说,基本面是指最基础的因素,包括上市公司的损益报表、资产负债表、公司成长的历史过程、管理层情况、会计方法、行业所处的发展阶段、公众对其产品的接受程度、未来收益前景等其他类似因素。在考虑总体市场态势时,基本面因素还包括社会的信用状况和货币政策、国内外商业活动、进出口政策、股价与公司未来收益之间的关系等。

然而,我们能忽略人的因素吗?在前述因素中,采用什么根据,或以什么衡量标准,来准确预测这些因素怎样影响股价变动呢?我们能仅仅凭借判断吗?如果是的话,我们怎样来协调关于基本面状况的不同判断呢?

而股价的运动能告诉我们什么信息?经验丰富的分析师能

第十七章 有关人性和投机的思考

发觉到技术性的量化因素，如筹码的聚集和派发、现在的趋势方向、阻力价位、趋势的衰竭和反转及其他特征性的信号。

我要问一句，是什么造成了股价的上涨和下跌？当然是买和卖。既然是"人"在买和卖，难道"人"不是最基本的因素吗？不能成为基本面因素之一吗？

简而言之，既然基本面分析和技术面分析都反映在了市场里，那么在作出分析的时候，难道还要深究公众和华尔街如何划分他们吗？这根本就不该成为一个问题。

所以，为什么基本面分析的支持者和技术分析的支持者需要有争论？这两种体系是相互补充相互完善的。

对于这个问题，还有另外一种观点：主要股票的大部分买卖指令不是来自于投资者，而是来自于投机者。后者包括操纵股价的庄家、专业交易者，还有无数来自投机倒卖者们的指令。我们在预测未来股价走势时，必须要考虑到这些非常规指令带来的市场效应。

因此，在我看来，所有的三个因素——基本面、技术面和市场心理——都能，也都应该被考虑进每种走势情况。一个完整的综合情况分析会告诉我们，哪些因素应该被放到我们的考察意见中。这样，我们才能找到适合投资的、有吸引力的股票。

盘口技术分析和操盘策略
Tape Reading And Market Tactics

只要通过对股票（或者大市）的过去和现在的表现深入分析，我们就会看到理智的分析结果和我们的意见是否一致。我们不需要去相信个人的判断。

技术性信号也会告诉我们什么时候买入和什么时候卖出。这里有一个共通点。一个人不可能对任何投资形势了解得非常清楚。1929年秋的大萧条事件就证明了，市场本身——也就是技术性条件——和基本面因素同等重要。通过对两者没有偏见地研究，都能找到股价崩溃的原因。

市场行为是对基本面因素和对投机者、投资者心理因素的直接反应。这两种因素能被分开吗？

自负的主观意见

主观意见包括了差不多我能想到的所有由人为因素导致的市场损失。当一个人凭借他自己的判断或猜测，贸然把钱投入一只股票时，你试着告诉他"这是错误的，应该把钱投到更好的地方去"是完全不起作用的。

第十七章 有关人性和投机的思考

我有一个解决的建议：下次你根据自己或其他人的意见买入股票时，先想一下：如果买入后股票下跌而不是上涨，你是否还会对它抱有信心？如果没有信心，你就马上卖了它，不要等到股价下跌了才意识到早卖掉才是明智的举动。要在你买入之前就先想到之后可能的意外，如果意外发生了自己的感受会是怎样？因为在你下定决心之前，你肯定会犹豫不决。等到股价下降了，你肯定会后悔自己不该购买，接着会看空这只股票，同时又希望它能大幅上涨——其后的走势会进一步令你不安，增加你的损失。

另外需要注意的是，不要在买了一只股票之后，再去问别人对这只股票的看法。如果他和你意见不一致，你多半不会把他的意见放在心上，所以这纯粹就是浪费精力。一个朋友曾和我说过："我刚买了通用的股票，你认为怎么样？"我马上就回答："为什么你要问我的意见？你都已经买了。如果我和你看法不一致，你会认为我根本不知道自己在讲什么。下回你可以在买入之前来问我。"

人的主观意见不仅仅体现在股市上。向一位雪佛兰的车主咨询他对雪佛兰轿车的看法，他一定会告诉你这款车是世界上最好的。等到稍后他换成了别克车，他又会告诉你在那辆雪佛兰轿车里他简直不知道该怎么操作，因此他认定世界上再没有比别克更好的轿车了！

记住，有许许多多优秀的股票。你买的股票不是唯一一只会上涨或只会下跌的。正如一位有名的操盘手在《小心使用保证金》一书中所说：不需要因为你买了股票就要和它发生一段感情。爱通常都是变幻无常的。

许多在某只股票上亏了钱的投资者会认为这只股票"亏欠了我们"。他们会冒着赌博的风险一心想"赚回来"。我想说，就像凯莉在《为什么你会赚或亏》一书中所说的那样，一切为了满足自尊心是股市成功的四大敌人之一。

第十八章　关于人性和投机的进一步思考

贪婪

我曾经饶有兴致地观察经纪公司里的交易者，试图弄清盈利下降的原因。让我印象最深刻的是他们的贪婪对"大赚一笔"的强烈愿望。

也许要战胜"榨取一笔交易里最后一点利润"的欲望是最难的，但这种欲望也是最危险的。曾经多少次你设定了一个谨慎而合理的目标，但是当你的股票真的达到那个目标价位的时候，你就会把原先设定的目标扔到一边，因为你认为"还会再涨四个点吧？"。具有讽刺意味的是，十有八九（我知道这个概率是因为我也遇到过这种情况）股票不会达到你所期望的目

盘口技术分析和操盘策略
Tape Reading And Market Tactics

标。然后更具讽刺意味的是盈利减少——由于其他各种原因，事与愿违，最终以没有盈利甚至亏损了结。

我的做法或许对大家有帮助：我迫使自己不至于离谱的方法就是把自己的钱当成别人的钱来运作。考虑到投机成功的秘密在于判断失误时迅速止损，我给投机资金设定一个合理的回报目标，并且为盈利和损失都建立账目。如果盈利，我顺其自然；但是如果我判断错了，就会尽快脱身，不会因为贪婪而拘泥于期望中的些微点数，从而守着股票不抛。我也不会因为骄傲而犯错。到目前为止，我宁愿接受"我错了"这个事实，也不愿意承受巨额损失。

另一个有效的做法是暂停所有的委托（未成交的交易委托除外），干脆休息一段时间，特别是当对自己的处境感到迷惑不解的时候。这种做法可以让投资者确定自己的判断，理清思路。永远都不要对某个曾经引以为荣而后来发现错了的结论而坚持不退让。如果你要减少损失并获得利润，每五次投资得有两三次判断正确才能获得较好的利润。

为避免误解，我想解释一下，我不建议剥头皮，也不提倡"为了一个点"进进出出的频繁交易。因为长远来看，这样只会导致失败。我的建议是在股价的主要或者和缓的波动范围内做保守性投机。把交易集中在这些更重要、更适中的买卖上，把注意力集中在股票的趋势性变化上。强迫自己忘掉私利，才能做到客观、就事论事。

像商人对待自己的货物一样对待股票

商人买进商品是为了卖出它盈利。

股票要盈利，也要遵守商品规律。买进股票之前，要确信你能以更高的价格把它卖给别人。不要忘记，每只股票都得有个买主。我知道，这话听起来很幼稚，但是很多人显然将其忘记了。卖股票不是进行简单的个人推销，而是需要作出判断，或者说是你的理财顾问作出判断，在扣除交易费用后是否有人愿比你付出更多的钱来买你的货物。

正如商人知道某个款式的商品不会有长期需求，投机者也必须意识到某些股票可能现在很热销，三个月后却卖不出去。当商人意识到某件外套销路不好的时候，他会怎么做呢？他会立刻降价，比如降10%。几天之后，如果还没有卖掉，他会再一次降价，到最后他可能会低价"割肉"。他不能指望这件外套能原价卖出。

如果你不熟悉零售，找一个做零售业的朋友——最好是卖女装的，向他咨询获利买卖的一些原则。我保证，如果你这样做并且全面地考虑了股票交易和零售的相似之处，你就会从一个全新的并且更有利可图的角度看待交易。

商品销售的首要因素是读懂大众心理。正如我所说的那样，对于市场或者投资者来说，大众心理是最重要的预期。零售业有一句俗语"好的进货就是销售的一半"。股票何尝不是如此？如果你对市场行为（因为这关系到需求）的判断是正确的，你买进股票的时候就是盈利卖出的一半了。

忘掉股票本身，把它们看作流行时尚但销路变幻莫测的商品。如果你发现对市场判断失误，就要减价销售卖掉商品，承担损失后再次尝试。记住，如果能把损失限制在一定范围内，就可以承受许多次损失然后继续向前，因为明智的进货仍可以给你带来丰厚的利润。

最后，不要试图在春天高价卖掉冬季的外套，而应该在最后一场雪之前全部卖掉。换句话说，把最后的几个盈利点留给你的竞争者。最有保障的利润是中间的利润——不是最多的但也不是最少。

第十八章 关于人性和投机的进一步思考

不要一概相信你看到的每句话

这是两篇实际上完全相同的财经类文章里出现的两个标题，一份是《华尔街日报》，另一份是《纽约时报》，出版日期是 1930 年 7 月 29 日——

《华尔街日报》称：大陆石油公司二季度业绩下滑：6 个月总利润 2120518 美元，而去年同期 3842081 美元。

《纽约时报》称：大陆石油公司利润大涨，季度总利润 2120518 美元，而前 3 个月仅 523302 美元。

在大量缩减生产的利空形势下，也可以因其产品价值得到承认，积压锐减而看好该公司前景。

不难发现哪家报纸对乐观的新闻感兴趣。两篇文章的季度利润数据一样，毫无疑问每家报社都从公司的宣传部门获得了相同的报表。这些评论的目的不是为了引发对大陆石油公司经营状况的争议，但是两种不同的表述会使不谨慎的、欠缺思考的读者被报纸标题作者或者公司宣传人员牵着鼻子走。

盘口技术分析和操盘策略
Tape Reading And Market Tactics

其实，阅读财经新闻的明智反应是什么都别信！记住弗朗西斯·培根这位聪明的顾问的座右铭："相信任何事情之前你要怀疑一切"。

记住两件重要的事，这些事实可能会导致你自我毁灭——除非时刻保持警惕。

第一件事，作为一条规则，报纸不会刊登悲观的新闻。只要可能，最吸引人的新闻就会出现在任何商业报道上。如果你问宣传部门人员，他会告诉你把财经新闻交给报社并希望能被发表是没有意义的，除非报社的论调有利好的倾向性。

第二件事，公司只会强调经营中最好的一面，即"报喜不报忧"。你经常看到新闻报道公司有新的创新和改进、销量增加、新产品推出……这些新闻的目的也许仅仅是使公众对该公司的股票感兴趣，也有可能作为资金在股市运作的一环，需要通过媒体广告吸引公众。而经常性的新闻是仅次于股价上涨的最好广告。

一位知名经济学家曾经告诉我，他不相信任何财经报道，不论其观点如何。至少他会自己去理解报道的事实和数据。但是，他承认自己也经常被没有经过冷静分析的五花八门的报道冲昏头脑。

以下两句股评昨天出现在不同的报纸上了，如果把各个报

第十八章 关于人性和投机的进一步思考

纸的报道拼在一起，有助于你理解股市走向。一位评论员说："多头操作，昨天被验证的获利了结股票今天随着大盘的走势被激活，除了进一步卖出实现利润外，可以在震荡格局下做一些不错的短线炒作"。另一位评论员说："周末的主要工业股票在沉重的卖盘打压下踽踽前行，由于棉花和小麦的走势不佳，钢材价格下降，导致商业前景不确定性增加"。

据说许多操盘手几乎不看报纸的财经栏目，因为他们意识到那样可能会被新闻和财经记者以道听途说为基础的个人观点左右。所以他们喜欢通过分析统计数据和市场动向，得出自己的判断结论。

客观分析的价值

如果我们每个人都对投资有客观的看法，回报就会更丰厚。主要是因为这样可以减少损失。我承认，摆在投资者和投机者面前最重要的问题是减少损失。换句话说，掌握好每次下委托单的重点应该是防止重大损失，并且准备好接受许多小的损失。

盘口技术分析和操盘策略
Tape Reading And Market Tactics

要做到这点，我们要对股票市场有自己的客观看法。对那些必须承担的小损失毫无疑问不要迟疑。但是如果损失的是你自己口袋里的钱，你就会整天想着这事。商人会降价销售外套以便迅速脱手，而不会去对损失斤斤计较。由于一时冲动而购进货物的买家可能会发现，如果多询问比较几次价格就不会多花几美元冤枉钱。商人会用公司的钱来支付一次不必要的运输，但是他不会担心这笔花费，即使这笔钱其实间接也算是他自己的钱。通过上述这些例子——你可以想出更多的例子——我们可以认识到：注意力应该集中到当前的交易上，而不是已经花出去的钱。

怎样从股市中获得合乎情理的观念呢？我唯一的建议是：把股市交易看作是一笔你感兴趣的生意，不论打算做长线还是短线。我发现这种方法很好（我承认并不完美）。开一个简单的系列账户，把资金的一部分（开始时取三分之一）作为储备资金以防备损失。确定资金的保守收入，会使你不至于冒险走极端。如果你交易活跃，再为盈余资金开一个账户，并且每月把一定比例（至少50%）的利润放进去。这笔钱又可以用来投资债券或者长线投资普通股。

我相信，如果你这么做，你会无意识地发现你注意的是交易本身，而不是每升降一个百分点意味着你口袋里增减50或者100美元。

第十八章 关于人性和投机的进一步思考

回到减少损失的问题上来。你会发现你愿意,甚至完全乐意接受许多小的损失,因为你的注意力放在了解决交易中出现的问题从而增加账户盈余上。你还有一笔对抗损失的储备资金,并且如果各部分资金比例合适,你的损失会控制在预料之中。换句话说,要获得持久的利润,你就得承担损失,而且是许多次损失。

公众总是被愚弄

据说在1930年初夏,经纪人建议员工提前度假,因为市场会在八月活跃起来。于是公众自然就期待着活跃的牛市。但是,那个夏天的大部分时候股价都在下跌。我没听说哪个经纪人的工作忙不过来,我怀疑到底是否有许多人被迫加班。

看到这么多愚弄公众的新闻,使我们业界中的一些人感到很沮丧。但是,我非常怀疑一些"大人物"他们自己是否被愚弄了,因为我知道他们认为五月下半月是积累期。尽管有些人被愚弄了,而其他人则愚弄公众。

有一件和税收一样肯定的事就是:对于大多数人来说,试图在日常的价格波动中猜出"他们"是谁，那真是相当于财务自杀。有的人可能有几笔交易走运，而大多数交易则不走运。记住这点：好的操盘手和资金经理成功的时候就会哄骗公众。我们要做的事情就是把握交易的节奏，以便于能跟上"他们"的动向（可能1个星期，也可能16个星期），并且不论是买还是卖，行动都要先于公众。

这意味着我们不要被某个动向迷惑，也不要盲目从众，

不要用钱保仓

市场营销大师给学生的一条建议是：永远都不要用钱保仓。让经纪人卖掉手中持有的股票。风险控制部门的员工是你最好的朋友——他会告诉你什么时候卖出。如果你不听从他的建议，无论如何他迟早都会卖出的。

为了检验不保仓这个理论的正确性，我曾经采访过许多经纪人，他们无一例外地告诉我，如果不需要更多的钱来维持顾客的保证金账户，交易者就可以获得更多的利润。既然这样，他们为什么不呢？

第十八章 关于人性和投机的进一步思考

如果你的股票不像你希望的那样，那么你的判断一定是有失偏颇。你不可能冷静地考虑所有的因素。你买进股票的时候希望它能上涨，如果事实相反，你先前的判断就是错误的。那么为什么要以上帝的名义继续把钱扔进去？毕竟，账面损失和实际损失还有一些区别。你的股票在经纪人的账面上还是那么多（除开佣金）。继续持有股票并不比卖出好多少——你的处境并不好，因为你的大部分资金被锁定了。你的头寸会被削弱，因为之后出现任何低价时你都没有资金来购买了。

过于胆怯的害处

我知道许多人都会反对我要阐述的观点——在下达委托单的时候过于胆怯是危险的。

胆怯也许是股市中最突出的感情。（在说这些的时候，我不是特别地确定）。尽管一定程度的胆怯是很不错的保险阀，我相信你也认为过于胆怯会使人失去可靠的理智，而没有理智就没有成功的商业投机。

我们从另一个角度来看：假设在深思熟虑之后，你和我都

盘口技术分析和操盘策略
Tape Reading And Market Tactics

买了某只股票。从对行情的研究来看，我们相信这只股票会上涨。尽管微小的跌幅（比如说两三个点）是预料中的，我们仍然认为趋势是上涨的。如果没有上涨而是马上下跌（与我们先前以为的先涨后跌相反），我们就知道先前的预算不够准确。这会使我们的预期发生混乱，先前的结论出现了错误。如果我们对这个结果感到困惑，或者胆怯，那么理智的做法就是：卖掉，脱身后重新分析。

为什么要卖掉？为什么不咬咬牙说："乔治，我买了这只股，能撑多久我就撑多久！我有足够的保证金，可以再承担15个点的损失。这只股票吓唬不了我！"

你可以自己想清楚。也许我的想法不对，但是除非有人能证明心惊肉跳地继续持有这只股票更说得过去，不然我仍然会担心，并且坚信除了脱身没有更好的办法。如果我置身事外，我是不会买这只股票的。脱身是更加有利可图的方法。当你买了不该买的股票时，难道不应该脱身吗？

我听见许多交易者一遍又一遍地说"但愿我能早点脱身。相信我，如果我脱身了，我绝不会再买那只股票。"而当我问他们为什么不卖的时候，却得到这样的答复"噢，我不能因为胆怯就现在卖掉，否则会发生损失。"

我想对大家说的就是：这表现了交易者和专家通过与公众

做对手盘交易赚钱的众多原因之一。

你也许会说，如果怀着迟疑的心态卖掉股票，可能会失去一个有利的仓位。正如你到目前为止所知道的那样。而对我来说，在交易中没有仓位。如果你目前的仓位会造成损失，那么卖出股票当然不会导致你失去有利仓位。同样的，股票市场不会立即关闭，明年它会还在营业。聪明的少数人可以赚钱，而大多数愚昧的人则亏钱。

记住，在交易中重要的不是你为一只股票付了多少钱，而是你什么时候买进。

为了自尊心理的"降低持仓成本"

曾经在1930年的秋天，在去佛蒙特州度周末的路上，我在特等车厢碰到一个熟人，很快我们就谈到了股市。

他拿出了他在1929年最高点时买进的股票清单。他告诉我他的打算："我觉得很快就会触底，然后每种股票我都会再买一些。"

盘口技术分析和操盘策略
Tape Reading And Market Tactics

我让他把这个清单给我看了一下，注意到一些股票的发行公司不太可能会在一两年之内有很大起色，于是我很想知道是什么促使他决定增持现有的股票。

"我讨厌看到这些股票现在的价格。如果我在这个触底阶段增持，就能拉低我的平均股价，这样我就不会太耿耿于怀了。例如，我花每股75美元买了联合公司的股票，如果我以20美元左右再买一些，我的这只股票平均成本就只有47.5美元了，这样，我买这只股票的成本价格看上去就没有那么高了。"

"你再买这些股票的时候不考虑这些公司的发展前景吗？我不是要和你争论联合公司，我只是不太明白你为什么要增持其他两三种股票。"

"噢，我全部都要增持，这些都是好股票。"

可是在我看来，拉平股价本身是错误的推理。仅仅为了满足自尊心理而拉低平均股价是财务自杀。这种做法让你更多买进比你先前期望值更低的股票。另一方面，如果增持的是获利的股票，你的判断就得到了证实，你也获得了利润。问题是你永远也不能确定你是不是在最低点买入。我的一个朋友在1929至1930年间四次增持了克莱斯勒公司的股票，并且他第四次增持的价格居然高达80多美元！

第十八章 关于人性和投机的进一步思考

如果我说出心里话,这位越跌越增持的股东先生马上会跳起来,将我的上述理论贬得一无是处。但即便他所谓触底区域情况属实,我的理论很可能还是正确的。因为除非有证据表明,他就是由于买了那些只跌不涨的处于"潜伏期"的股票,所以才没有获得投资收益。

第十九章 技术图表分析对预测股价走势有用吗？

　　股票市场的技术图表分析在最近几年被市场广泛关注。我们发现全球几乎所有的投资者都对其进行不断的研究。一些非常细微的问题都会进行讨论，提出无数问题："今天这样的走势代表什么？钢铁股的这些图表是否出现做多信号？我认为图表出现做多信号了，你的意见呢？"

　　从图表炒家们经常展现出来的粗心大意的态度就能看得出来，技术图表的危险之处在于它能呈现出一种诱惑，使人们以为技术图表是一种"系统"，可以不假思索、不问缘由地盲目使用，就如同人们进行蒙特卡洛模拟时那样地置身事外。

　　技术图表不会告诉我们任何将要发生的事情，确切地说，它只能描绘出市场各方买卖意愿的结果，更加不可能成为影响

第十九章 技术图表分析对预测股价走势有用吗？

未来价格变动的主要原因。但它可以作为一种辅助方法，帮助投资者了解历史走势，从而对将要发生的结果作出判断。

威切尔（A.W. Wetsel）在图表理论领域中做了大量的研究。他在我刚开始学习图表的时候，就给了我很大的帮助。他向我正确论证了盲目利用图表分析是完全没有意义的。但一直以来，大家通过各种方式和角度去分析图表，都是为了寻找一种"芝麻开门"式的技术方法。

众所周知，股价的涨和跌都是由于多空双方的观念形成的最终结果，也就是所有投资者对该股票价值博弈后达成的最终共识。在股票市场中，想法也会有趋势，就如同艺术、文学和科学一样。对股票价格的观念趋势反过来也会影响股价。我们可以看到长期趋势，比如牛市和熊市；可以看到中期趋势，反应在每个月的价格观点上和经济环境上；还有短期趋势，来自高度投机的技术面观念和市场的操纵力量。

当我们的注意力放在技术图表上，可以看到所有投资者过去对这只股票趋势的看法。有多年市场经验的分析师通常通过对技术图表所记录的趋势进行研究来决定当下的买卖双方的力量。换句话说，他能够比普通投资者更加了解当时这只股票的供需状况。有时候，我们也可以从图表上发现一些走势形态，帮助我们了解这只股票的筹码流动情况。如果是在震荡市，我们也可以通过技术图表找到多空双方暂时的平衡点位，一般就是震荡区间的中间位置。通过对技术形态的观察，不管是打压行情还是诱多行情，分析师基本上都能较准确地作出判断。

最后我要指出，技术图表只是专业投资者和分析师对股价参考和研究的辅助工具，与其他很多重要的方面一样，只是作为市场情绪的一种指南。

另外，对技术图表的研究是非常复杂的，如果没有通透了解其中的意义和风险就盲目跟风，也会导致决定性的失算。由于人性的不坚定，所以没有一种固定的方法或者系统是完善的。

明智的决策永远不会取决于机械式的预测。

第二十章　投资笔记摘录

当你对你的想法感到满意的时候，你就离赔钱不远了。

* * *

不要再让上个世纪那些"我说你做"式的股经愚弄你了。用你自己的脑力和智慧回想一下过去的十年。难道你不认为数以百万计的散户参与的市场和那种只有两三万个专业投资者参与的市场会有所不同吗？

一方面，经过训练的个人投资者已经能够把握重大事件的脉搏；另一方面，如今执市场牛耳者，是那些只把炒股当副业的人。

如果你不相信，想一想1930年夏天股市的一路倾泻，真的就像瀑布一样地把股票倒进纽约交易所，只要有买单就成交。

盘口技术分析和操盘策略
Tape Reading And Market Tactics

当我们想要控制价格的时候，一定要记得这样一个事实，过去的 8 到 10 年间，数以百万计的人仅仅是第一次接触股票。

* * *

买什么股票不重要，什么时候买股票才是关键的。

* * *

我可以冒险打个赌：在不久的将来，在对于经济走势的研究中，有关人性的因素对经济的影响作用，将比经济因素本身受重视的程度更大。

* * *

盘口显示出来的成交，象征着多空两种思考的交锋；一个受过训练的了解人性的人，可以从其中读出大众的情绪，因为股市能够反映人性。

我常常在思索，为什么许多金融写手会如此执著地探寻某一特定日期的某一特定股票表现背后的原因？毫无疑问，这源于读者的需求。

他们能给出各种各样的稀奇古怪前后矛盾的解释。这只能说明根据公开发布的新闻来预测市场是毫无用处的。市场从不在新闻发布之后作出反应。

* * *

（风控部门）索取的越多，回报的越少。

* * *

在短短 15 年间，普通股票投资者的人数骤增了大约 20 到 40 倍。

散户正迅速成为市场的主体。巨型并购和控股公司以巨大的引力和科学的方式，将小公司融合成了一个个巨大的、集中管理的集团公司。而从银行家到平民，来自各行各业的、成千上万的投资者们，通过持有其股票的方式成为了这些公司的股东。

资本市场的裂变会导致什么样的后果呢？这会是隔离社会主义和共产主义的保护隔离带吗？劳动者们可以通过持有股票、拥有美国巨型上市公司的控股权来合力掌控资本吗？抑或这样会使劳动者的社会满意度变得更低，而需要靠分享更多的投资利润来平衡关系呢？

管理者是否迫不得已需要对此作出抉择，而使得这些龙头企业最终变得更为科学有效——对股东和雇员都更公平公正呢？

因此，我认为最近甚嚣尘上的"代理之战"只不过是一时的应景之策，股东对于公司管理的细节方面的关注度已经超乎我们的想象。我相信，这个问题很快就能解决，公司的高层出于自身利益必然会把关系理顺。所有这一切都指向更愉快、更有效的雇佣关系。

* * *

急速转型之路往往是最漫长的。

* * *

如果你想验证通过股票合理估值来判断股票价格趋势有无实用性，请采取以下步骤：

请就通用电器公司的普通股的价值，向您最熟悉的10个人征询意见。一般情况下，你将获得10个不同的股票估值数据。

现在，假设你想要卖掉你的股票。那么你的所得是什么呢？当然是你所持有的股票在卖出那一天的市场价与买入价之间的差额。那么，股票的市场价是否与你所询问的估值数据相同呢？极有可能不是。

因此，不是所有的股票价格都与其合理价值相等。进一步说，我们可以用在这几章节的内容中经常提到的语言来表达这个观点。要进行股价的趋势预测，我们必须通过详细分析整个市场的价值观，而不是判断或轻信任何一组专家的意见。

* * *

漫无目的地频繁换股不能获得任何收益。

* * *

人们常常要求我制定市场计划或投资方案。实际上这是一件很困难的事。因为每个人都有自己不同的习惯和理念，而一个成功的计划或方案，必须与个人的气质和风格保持高度吻合。有许多人，永远也不可能涉足杠杆交易；而还有一些人，他们从来不依靠买卖价差来获利。有一些投资者从未打算卖股票，他们买入股票长期持有，自然与那些一碰到下跌信号就不顾一切卖出的投资者有着天壤之别。普通股具有大幅波动的特点，要在详细分析投资者个人的具体要求和投资组合的特征之后才能进行抉择。因此，投资者或交易者，必须按照他个人的理念、情感、欲望、气质、习惯和目标来安排他的投资计划。投资和交易都是高度专业化的行为，其中个人因素的影响，比其他任何因素都更加重要。

* * *

一块钱的出金胜过两块钱的浮盈。

* * *

一个股价运行周期的最后阶段，往往是所有阶段中最有利可图的，同时也是最危险的阶段。

迅速增长的股票价格，以及伴随而来迅猛增长的成交量，是股价的一个运行周期或一个上扬阶段即将终结的标志。尽管，及时抓住顶部卖出能够赚到较多的钱，但是，总体而言，更赚钱的方式是让别人去抓最后两三个点。

业余投机者通常有一个共同的特点，那就是过于心急，一发现股价快速运动立即买入。然而在这种情况下，他们常常面临着市场的反复调整，因而遭遇了损失。

正如某人曾对我说过的："在市场中，做与你第一反应相反的事，和貌似正确的逻辑对着干，那么你将持续性地获取收益。"

* * *

无趋势的市场是交易者的大敌。

第二十章 投资笔记摘录

* * *

股市中的人性，这将是下一个牛市到来之前最有价值的研究课题。交易者数量基数越大，研究和了解投资心理学和市场哲学规律就越有必要。

* * *

许多正常的反应已被证明是致命的。

* * *

让我们暂且将终日萦绕在脑海中的市场预测和对未来的担忧搁置到一边。当我们彻底超脱于这些烦恼之时，它们就将变得渺小并失去威胁力。

当我写下这段话的时候，我正坐在佛蒙特州一棵125岁高龄的枫树下，透过它茂密而庞大的树枝和树叶，我能看到头顶蔚蓝的天空和远处绿色的牧场。庄严肃穆的千年古宅和宁静简约的乡村生活带给我哲学灵感，忽然让我能从更为平和的角度来看待华尔街的金融纷争了。我们需要常常远离原来习以为常的生活，才能发现市场波动和股票价格并不是我们生活的全部。如果"商业巨头"们能够放弃例会、高尔夫比赛、扶轮社和并购会议以及诸如此类的一切，转而投身静谧的乡村，我敢

盘口技术分析和操盘策略
Tape Reading And Market Tactics

肯定他们也将过得更加决乐,同时也将使他们的商业人生更富有内涵和更为成功。虽然离开了华尔街,流连在夏季旅游胜地,但关于股票和商务的流言蜚语仍在市场中继续,这些流言蜚语现在毫无作用。抛开这一切,甩开巨型广告牌和热闹的商会,寻找山清水秀的世外桃源,到你梦境里曾到过的村庄。在那里,面包和黄油凝聚着人们辛勤劳作的汗水;在那里,夜晚和周末人们一同玩耍,而不是崇拜万能的金钱。那么,你就找到了自己的本原,也找到了投资的真谛。

＊　　＊　　＊

只有愚者才会在退潮后裸泳。(这句话恰好与"傻瓜才在资金池撤退后一头扎入股市"完全相同。)